La régression démocratique

DU MEME AUTEUR

Les Chasseurs d'absolu. Genèse de la gauche et de la droite, Grasset, 1980 ; nouv. éd., coll. « Pluriel », 1994.

L'Angélisme exterminateur. Essai sur l'ordre moral contemporain, Grasset, 1993 ; nouv. éd., coll. « Pluriel », 1995.

Alain-Gérard SLAMA

La régression démocratique

Fayard

Ce livre, conçu dans l'urgence, n'aurait pu voir le jour sans le soutien, la compétence et la rigueur de Denis Maraval.
Qu'il trouve ici l'expression de ma gratitude.
A.-G. S

Introduction

« Politically correct » est-il français ?

Politically correct est-il français ? Il est stupéfiant qu'on ose encore poser la question. Peut-être le nouvel ordre moral qui sévit depuis longtemps aux Etats-Unis n'était-il pas aussi manifeste en France quand nous avons tenté de le décrire, dans *L'Angélisme exterminateur*, il y a trois ans.

Bien peu de voix s'élevaient, alors, pour prendre la menace au sérieux. 1989 était trop proche. L'effondrement du mur de Berlin avait installé dans les cœurs l'espoir de la fin des illusions. L'ère des utopies semblait définitivement close, au moins dans les pays développés. La seule question en suspens était de savoir si le succès des démocraties, remporté sans victoire, ne serait pas suivi d'un certain désenchantement. Faute d'une vision prospective, les plus optimistes saluaient l'avènement d'une société « postmoderne », « complexe » et hyperindividualiste, censée faire son miel de tous les âges, de toutes les civilisations, de tous les styles. L'hypothèse que, face à l'inconnu, un nouveau besoin d'idéologie, angéliste ou nihiliste, aussi pernicieux que les précédents, pût occuper, sous nos climats, l'espace abandonné par la ruine des grands systèmes de masse du XXe siècle n'effleurait personne.

Depuis, la dégradation de l'esprit de liberté, le malaise pesant sur le fonctionnement de notre démocratie ont pris un caractère croissant d'évidence. Les sujets d'inquiétude dont nous avions dressé l'inventaire se sont concrétisés avec une rapidité qui a dépassé nos pronostics les plus sombres : l'ordre moral, la peur du conflit, la religion de la Vie, la montée en puissance des experts et des juges, l'extension du contrôle social, l'obsession de la transparence, l'Etat préventif, l'intégrisme communautaire – ces thèmes, qui constituent les ingrédients du « politiquement correct », ont fait l'objet, ces dernières années, de variations, reprises et contrepoints innombrables. Mais, en entrant dans l'air du temps, il semble qu'ils s'y soient dissous. Ils se sont dispersés comme autant de molécules autonomes, alors que c'est leur association en un seul bloc idéologique solidaire et compact qui les rend explosifs, et qui fait notre souci.

Par quel mystère ce bloc idéologique crève-t-il les yeux aux Etats-Unis – où, justement, grâce à une forte tradition pluraliste, il est plus instable –, alors qu'en France on refuse toujours de le voir ? Il faut à nos « leaders d'opinion » une dose inquiétante de schizophrénie pour dénoncer les moindres manifestations de crétinisme *politically correct* apparues aux Etats-Unis, au Danemark ou en Australie, et, en même temps, se voiler la face devant les faits comparables, qui ne cessent de se multiplier chez nous, avec leur logique propre, sans avoir eu besoin d'être importés, et dont ces « leaders » sont souvent, eux-mêmes, les vecteurs. Les Américains, sans être plus lucides, ont le mérite d'être plus francs.

Le « politiquement correct », qui se développe simultanément dans l'ensemble des nations libres, atteint la République française plus cruellement qu'aucune autre. Rien ne préparait en effet des citoyens éduqués dans le culte de la séparation des ordres et de l'esprit critique à un conformisme politique, social et intellectuel destiné à devenir, si rien ne l'arrête, le totalitarisme du prochain siècle. Un totalitarisme dur, aussi négateur de toute autre philosophie sociale, et aussi implacable pour ses adversaires, que le communisme et le fascisme le furent avant lui. A cette différence près que les caméras de vidéosurveillance, les détecteurs électroniques, les stages de rééducation et les traitements psychiatriques auront remplacé les camps.

Certes, par la grâce de son prodigieux patrimoine, la France est encore le pays d'une certaine douceur de vivre. Elle n'est plus, dans les esprits et dans les mœurs, la terre d'élection de la liberté.

Quand la tolérance devient l'alibi de l'indifférence ; quand l'intolérance des groupes ethniques, corporatistes, culturels invoque à son profit le respect de la différence ; quand la délation, en croissance exponentielle, se pare des prestiges du devoir civique ; quand des juges ouvrent des dossiers sur la foi de lettres anonymes ; quand la haine se laisse récupérer par le cynisme, derrière le drapeau de la morale ; quand la loi est contestée au nom du droit ; quand l'honneur et le secret des familles sont bradés sous le prétexte de la transparence ; quand des coupables prospèrent à l'abri de l'impunité que leur confère leur influence médiatique, tandis qu'une justice politique, habillée en « opération mains propres », livre au public son contingent de boucs émissaires ; quand la critique de la corruption devient l'alibi des corrupteurs et des corrompus ; quand la confiscation de la volonté générale par le discours péremptoire des experts est aggravée par la faiblesse du pouvoir devant la dictature de l'opinion ; quand les stratégies d'intérêts des chefs d'entreprise ne peuvent plus se légitimer par leurs seules motivations économiques et s'abritent, pour mieux se vendre, derrière l'écran de discours vertueux ; quand les employeurs avouent recruter les fortes personnalités à dose homéopathique, pour ne pas compromettre l'esprit d'équipe et la « culture » de leur entreprise ; quand le paternalisme gagne la société tout entière, sous la forme d'une sollicitude manipulatrice envers les « exclus » ; quand un égalitarisme à rebours, appuyé sur une logique volontairement injuste de « discrimination positive », se pare des prestiges de l'« équité » ; quand la moyenne statistique, confondue avec la norme, sert à l'élaboration de règles préventives allant jusqu'à codifier les comportements ; quand ceux qui ont pour profession d'informer, pris en tenailles entre les contraintes d'audience et l'autorité des experts, s'alignent sur le discours dominant faute de crédit ou de compétence ; quand, enfin, une telle dégradation de la vie publique est accueillie dans la résignation, comme s'il s'agissait des inconvénients inévitables d'une transition pénible, mais nécessaire – il est permis de penser qu'une pièce, alors essentielle, s'est brisée dans le système de valeurs qui fonde l'autonomie et la dignité des individus. De dire que, dans cette nation morne, dévorée de soupçons et de ressentiments, on ne reconnaît plus la patrie de Rabelais, de Molière et de Stendhal – mais plutôt la France de Vichy et de l'épuration. Et de se demander si cette confusion des idées, cette inversion systématique des principes naguère les plus sacrés, comme la séparation du public et du privé ou l'égalité des citoyens devant la loi, ne procèdent pas d'une nouvelle vision du monde, d'une nouvelle manière de penser et de sentir, comparables, dans leurs effets, à ce que furent les grandes idéologies de ce temps.

Plutôt que de regarder cette réalité en face, et de chercher à y remédier, la plupart préfèrent se rassurer en désignant, à sa place, des démons familiers : l'intégrisme religieux et sa forme séculière, le populisme ; ou l'immémorial sentiment de culpabilité qui inhibe la conscience de gauche devant les revendications des fanatiques ; ou, encore la « pensée unique », forgée par on ne sait quelle synarchie de technocrates et de journalistes ; ou, enfin, la contre-révolution de droite, dont le retour mettrait en danger l'héritage des Lumières.

Aucun de ces périls n'est, certes, négligeable. Tous, cependant, ne menacent la société que sur ses marges. Les intégristes, musulmans ou catholiques, représentent, sur notre sol, peu de monde ; ils ne constituent une tentation que pour les désespérés. Les populistes pèsent davantage, grâce au talent de quelques ténors : mais ces ténors se réclament tous de la République, ce qu'il faut expliquer. La gauche se laisse, il est vrai, intimider par les groupes de pression extrémistes, mais ni plus ni moins que la droite : il faut donc que cette complaisance procède d'autres raisons qu'un sentiment de culpabilité. La « pensée unique » existe, mais encore faut-il repérer d'où elle vient : les technocrates ont perdu la plus grande part de leur prestige, en même temps que la notion de service public perdait le sien, et les médias obéissent moins à des maîtres qu'à des servitudes. Quant à la pensée contre-révolutionnaire, si sa progression est préoccupante, elle l'est nettement plus à cause de l'incompétence de ses adversaires qu'en raison du charisme de ses inspirateurs, s'agît-il de l'archevêque de Paris.

Sans doute existe-t-il, en France, des fascistes, des intégristes, des néo-tiers-mondistes, des contre-révolutionnaires, voire des camarillas saint-simoniennes ; qui songerait à le nier ? Mais nous ne sommes plus en 1930. S'il est une différence entre la crise actuelle et celle qui a secoué l'entre-deux-guerres, c'est bien le fait que la démocratie capitaliste et parlementaire n'ait plus, en face d'elle, d'alternative désirable. Bien que le bolchevisme, le fascisme et le nazisme aient été portés au pouvoir par de faibles minorités actives, des bandes de marginaux et de démagogues, le terrain avait été préparé par le nombre impressionnant d'écrivains et de journalistes qui ne cessaient de dénoncer la faillite du système libéral. La vraie question qui se pose aujourd'hui, la seule qui doive nous occuper, est de comprendre pourquoi les six ou sept pour cent de brutes et de nostalgiques qui rêvent d'en découdre avec la République pèsent, par amalgame, à travers le Front national – qui se dit républicain –, d'un poids électoral deux ou trois fois supérieur à leur poids sociologique, alors qu'ils ont contre eux la quasi-totalité de l'intelligentsia et de la presse. Pourquoi, à en juger par l'élection présidentielle de 1995 et les élections municipales qui ont suivi, la droite modérée tend elle-même, partiellement, à se radicaliser. Pourquoi, si l'on inclut le tiers d'électeurs qui choisit l'abstention, près de soixante pour cent des inscrits refusent de donner leur voix aux partis institutionnels. Et pourquoi la démocratie est si malade, alors qu'elle n'est pas contestée.

Ce n'est donc pas sur les marges, mais au centre de la société qu'il faut chercher les causes d'une fragilité qui n'est nullement imaginaire. Les traumatismes du XXe siècle nous ont trop habitués à ne voir que du côté des tribuns du peuple et des partis autoritaires l'origine des dérives totalitaires. La menace, cette fois, ne vient pas, comme naguère, de forces extrêmes susceptibles de conquérir le pouvoir par la terreur, avec l'appui plus ou moins conscient des conservateurs. Mais du cœur du système politique, de ses élites, de ses mœurs, des mouvements d'idées qui l'informent, bref, de la démocratie elle-même.

Pour la première fois dans son histoire, la démocratie dispose, à l'échelle planétaire, d'une expérience de plus de deux siècles, qui lui permet de mettre en évidence les facteurs internes de corruption pressentis par les philosophes, depuis Aristote jusqu'à Aron ou Jouvenel, et devenus criants aux Etats-Unis. Ces défaillances propres au système ne sont pas une raison de se détourner du « pire des régimes à l'exception de tous les autres ». Mais elles ne fournissent pas, non plus, d'excuse pour s'aveugler. A l'épreuve du terrorisme juridique, psychologique et moral qui se répand dans les nations occidentales, sous l'étiquette du « politiquement correct », nous commençons à comprendre que la liberté peut *se* perdre sans avoir été arrachée. Et sans que quiconque ait le sentiment de l'avoir perdue. De la même façon qu'un individu peut s'enferrer dans une situation inextricable sans être victime de personne, et sans l'avoir voulu. Simplement par ignorance et par aboulie.

La tentation est grande d'imputer le racornissement du sens de la liberté aux effets aliénants de la civilisation matérielle – comme les freudo-marxistes le croyaient encore en 1968. Mais les détracteurs de la société de consommation concourent au « politiquement correct », au moins autant que ses défenseurs. Dirigeants ou dirigés, toutes les strates de la société, tous les milieux politiques, toutes les familles de pensée participent, peu ou prou, à ce dessaisissement de l'autonomie des individus au nom des intérêts particuliers, à cette dégradation du respect des personnes au nom des droits de l'homme, à cette surenchère de vigilance épuratrice au nom de la morale, à cette inflation du contrôle social au nom de la sécurité, qui se développent avec les meilleures raisons du monde et dans l'indifférence du plus grand nombre, sous le regard intéressé des hommes de loi.

On songe, en contemplant cette démission des esprits, à la technique orientale du « ketman », évoquée par Milosz, dans *La Pensée captive*, pour décrire la psychologie des normalisés sous Staline ; ou aux pages, si proches, de Havel, reprenant le même thème, dans *Le Pouvoir des sans pouvoirs* : la restriction mentale serait la contrepartie de la passivité avec laquelle les sujets des régimes totalitaires se soumettent à leurs oppresseurs. Mais ces poètes optimistes, dont l'un vit à Berkeley et l'autre dans ses nuées, sous-estiment la profondeur avec laquelle une personnalité d'emprunt devient une seconde nature. Sans doute l'homme libre ne disparaît-il jamais tout à fait sous le masque que lui compose la servitude. Sans doute Zinoviev s'est-il trompé par excès, quand il a prétendu irréversible, la mutation de son « Homo sovieticus ». La nature seconde du sujet asservi n'en est pas moins longue à dépouiller – la suite l'a prouvé – avant que l'individu responsable ne se ressaisisse dans sa plénitude. Milosz et Havel ont pu vérifier qu'en politique le réel se distingue mal de l'imaginaire, et les principes de l'idéologie.

Cette distinction est aujourd'hui d'autant plus difficile à opérer que l'oppression n'a plus de visage. C'est presque une chance, pour la démocratie, d'avoir connu, en 1940 ou en 1958, des menaces précises et discernables. Dans une nation prospère comme la nôtre, l'effondrement de l'empire soviétique, la mondialisation des économies, du droit, des migrations et des informations, le chômage et le retour des grandes épidémies frappent beaucoup moins les esprits que la défaite devant Hitler ou que la guerre d'Algérie. On ressent mal, du coup, les transformations colossales que cette nouvelle donne entraîne dans le fonctionnement de la société. On mesure mal l'impact de ces changements sur la culture.

Une autre difficulté est que l'idéologie qui se met en place en réponse à cette situation n'a pas, elle non plus, de source identifiable. Point de Marx, de Sorel, de Lénine, de Maurras ou de Marcuse auxquels il soit possible de la référer. Ses parentés avec la philosophie des social-démocraties du nord sont évidentes, mais une ressemblance n'est pas une filiation. L'absence de paternité intellectuelle, qui empêche de nommer cette idéologie, n'aide guère à voir que celle-ci s'organise en un système de motivations, de concepts, de représentations et de mythes presque aussi cohérent qu'un corps de doctrine. Un réseau permanent d'informations, de commentaires et d'images la présente matin et soir aux lecteurs de la presse et aux spectateurs de la télévision, comme si c'était la grille d'explication du monde la plus satisfaisante, et la façon la plus immédiate et la plus naturelle de penser les problèmes de société. Ainsi s'impose, jour après jour, un glossaire rassurant de concepts passe-partout ; un prêt-à-penser sans mode d'emploi, polarisé autour de quelques mots, toujours les mêmes, brandis de tous côtés comme autant de raisons de partager le monde entre la lumière et la nuit, la vérité et l'erreur, la louange et le blâme : *communauté, éthique, transparence, prévention, exclusion, populisme.*

La récurrence obstinée de ces mots « politiquement corrects » dans le discours des responsables politiques, des militants d'association, des experts, des journalistes n'est pas un simple phénomène de mode, un simple conformisme. Ces termes, et les notions qu'ils recouvrent, ne sont pas invoqués au gré d'une conjoncture, en fonction des besoins, pour être oubliés demain, quand les problèmes qu'ils prétendent résoudre ne se poseront plus. Entre eux court un même fil psychologique, qui leur donne leur cohérence : la peur du conflit. Ils renvoient à une même cause objective, dont ils sont les symptômes : la régression de la démocratie, éclatée en communautés, en miettes d'individualisme tribal, dans la déshérence des repères de l'Etat républicain. Ils ont un effet tangible : la mise en place d'un Etat préventif, caractérisé par la création continue de contraintes réglementaires et d'instances d'observation, d'évaluation, de contrôle, dominées par des experts. Ceux qui les emploient imposent leurs codes et leurs procédures avec un absolutisme qui transgresse, de façon de plus en plus banale, les frontières de la conscience et de la vie privée. Ils revendiquent le monopole de l'humanisme, contre toute autre logique, sous couvert d'« exclure l'exclusion » et de corriger les inégalités par des « discriminations positives ». Leur capacité de décourager tout esprit de résistance est directement proportionnelle à l'ingénuité avec laquelle la vision du monde qu'ils propagent contredit la conception de l'individu, autonome, pluriel et responsable sur laquelle la pensée des Lumières a fondé la dignité du citoyen. Bref, ces mots dessinent les contours d'une idéologie dont on aurait tort de sous-estimer les ravages, sous prétexte qu'elle est sans sujet.

Cela ne signifie pas que le désert mental qui s'étend à la faveur de la crise soit sans alternative, et nous n'en établirions pas le cadastre si nous pensions que rien d'autre ne peut être construit. L'ordre républicain dont l'ébranlement a favorisé l'émergence de cet antihumanisme n'est, il est vrai, pas susceptible de renaître sous la forme dirigiste et centralisée que nous avons connue. Mais la certaine idée de l'homme que notre culture nous a transmise doit, elle, être sauvée. Si la nation ne peut plus guère être refondée à partir du sommet, comme le fit de Gaulle, l'Etat peut être reconstruit à partir de la base, c'est-à-dire des individus. Contrairement à la légende inventée par les sociologues, les historiens savent que la spécificité du modèle étatique français n'a nullement contribué à façonner des mentalités bloquées. Il est toujours possible d'en appeler du peuple mal informé au peuple mieux formé. Il est encore temps de retrouver, sous le monstre grégaire en gestation, la figure du citoyen. Au prix d'un changement de doctrine qu'il ne sera simple ni de traduire en actes, ni de faire accepter. Mais qui n'en constitue pas moins, pour ce pays, la seule chance de s'adapter au monde qui vient, sans perdre l'intelligence, voire le goût de la liberté.

Première partie

L'ÉTAT SANS NATION

I

Le triptyque républicain

La démocratie n'est pas un régime, c'est une convention d'une fragilité magnifique. On se condamne à ne rien comprendre aux tensions qui déchirent les démocraties contemporaines, et la démocratie française plus qu'aucune autre, si l'on ne se rappelle pas que le suffrage universel, même corrigé par le système représentatif et par des contre-pouvoirs, n'est pas une garantie suffisante contre la tentation totalitaire et contre la guerre civile : il a besoin de prendre appui sur une culture et sur des mœurs. Pas plus que l'expansion ne dépend des économistes, la sauvegarde des libertés n'est tributaire des professeurs de droit. Le bon fonctionnement d'une démocratie est d'abord une affaire de mentalités. Affirmer que celle-ci est le pire de tous les régimes à l'exception de tous les autres revient à dire que c'est le moins contradictoire avec l'idée qu'un homme libre se fait de sa dignité. Et le plus facile à faire adopter avec des arguments rationnels. Il n'en a pas moins fallu vingt-deux siècles, de la Grèce ancienne à Jean-Jacques Rousseau, pour ancrer dans les esprits l'idée que la volonté de la majorité puisse être autre chose qu'un rapport de forces.

Sur le plan institutionnel, chaque nation a tenté de résoudre le problème démocratique à sa manière. L'Angleterre, en mettant en place, la première, le régime parlementaire et en faisant de l'autorité judiciaire un authentique pouvoir. Les Etats-Unis, en séparant de manière radicale les deux principaux pouvoirs, exécutif et législatif, issus du suffrage universel, et en multipliant les contre-pouvoirs. L'Allemagne, en se dotant d'un Etat fédéral subordonné au droit. La France, en plaçant l'autorité supérieure de la loi démocratique sous la garantie des droits de l'homme et des principes républicains. Ces solutions ont toutes autant d'avantages que d'inconvénients, mais, pour qu'elles aient pu fonctionner et faire leurs preuves, encore fallait-il que ce fût dans le cadre d'une nation, autrement dit d'une culture.

Chacun de ces systèmes correspond, en effet, à un modèle de société, marqué par une histoire. L'Angleterre, a suggéré Montesquieu, doit le sien à la complémentarité des rôles qui s'est très tôt instaurée entre la noblesse, la bourgeoisie et le tiers état. Les Etats-Unis, tels que les a décrits Tocqueville, ont dû la stabilité de leurs institutions au sectarisme puritain, qui a formé les citoyens à la solidarité et à l'exercice des responsabilités. L'Allemagne a puisé l'inspiration de sa règle du jeu dans une forte tradition juridique – explicable par la greffe de l'esprit critique de la Réforme sur son tribalisme fondamental, et confortée par les leçons tirées du nazisme. La France a étayé ses principes républicains sur le centralisme légaliste d'Ancien Régime et sur l'individualisme de la Révolution.

On éprouve quelque gêne à rappeler ces évidences. Au temps de *L'Esprit des lois*, le lien entre un système institutionnel, une culture et une nation allait de soi. C'était, il est vrai, l'époque où l'idée d'Etat-nation, forgée deux siècles plus tôt, commençait à prendre corps. Montesquieu, Rousseau et Maistre auraient sans doute aperçu mieux que nos contemporains les effets déstabilisateurs que le déclin de la souveraineté nationale peut exercer sur une démocratie comme la nôtre. Si l'on regarde en effet les choses d'un peu plus haut, et si l'on se place dans une perspective de longue durée, une typologie plus simple que celle qu'on vient d'évoquer s'impose. Elle place d'un côté la culture politique française et, en face, toutes les autres.

L'Angleterre est une île. Les Etats-Unis et l'Allemagne ont été, dès leur naissance, des peuples à la recherche d'un Etat. La France n'a cessé d'être, depuis Hugues Capet, un Etat à la recherche d'une nation.

Point, dans notre histoire, de communautés organiques ayant fait un long apprentissage du posséder, du négocier et du vivre ensemble avant de se rallier à un principe fédérateur. Point non plus, à l'origine, de Saint-Empire investi d'un pouvoir spirituel tel que l'Empereur pouvait se dispenser d'une véritable capitale. Rien de moins évident que de réunir en nation un peuple de féodaux et de petits paysans parcellaires, frondeurs et individualistes avant la lettre – et dont les structures communautaires, paroissiales, liées à la seule influence de l'Eglise, se sont relâchées à mesure que les pratiques religieuses reculaient à partir du XVIIe siècle.

Pour créer cette nation, pour en faire un peuple, il a fallu la volonté de dynasties monarchiques, légitimées par l'hérédité, qui se sont dressées contre l'Empire et contre l'Eglise, et qui se sont étendues à partir d'un centre, par la force, mais aussi par le droit. Avant de succomber sous les coups d'une bourgeoisie impatiente de revendiquer, au nom du peuple, la rupture de tout lien avec le pouvoir spirituel, l'égalité des droits et l'exercice d'une souveraineté démocratique tempérée, en principe, par la séparation des pouvoirs et le système représentatif. Il a fallu ensuite le savoir-faire de dynasties républicaines, assises sur la légitimité du mérite, qui ont fait converger la poursuite de l'œuvre unificatrice de la monarchie et la réalisation des aspirations démocratiques, grâce à un certain nombre de principes sacralisés : l'égalité juridique, la supériorité de la loi, la laïcité, le service public, la justice sociale. Et grâce aux institutions qui, en codifiant l'affrontement entre les citoyens de droite et de gauche, ont permis à ces principes de se concrétiser sans contrainte, par approximations successives.

Est-ce un hasard si, la première fois que la notion de souveraineté s'est définie, à la fois contre les communautés – familles, bandes et tribus – et contre l'Empire, c'est en France, au XVIe siècle, dans *La République*, de Jean Bodin ? Est-ce un hasard si la notion de volonté générale, inventée par un Genevois atypique, Jean-Jacques Rousseau, s'est imposée en France comme la convention la plus apte à faire accepter par les intérêts particuliers les lois votées par le peuple au nom de l'intérêt général ? Et est-ce un hasard si la République a éprouvé le besoin de se déclarer « une et indivisible », dans la Constitution de juin 1793, et si Thiers, conscient que l'unité de ce pays est toujours à refaire, la définissait, après la débâcle de 1870, comme « le régime qui divise le moins » ?

S'il est une spécificité française, elle est là : dans la dynamique historique qui a permis à l'Etat de faire progresser solidairement, *et l'un par l'autre*, les trois volets de ce qu'on pourrait appeler le triptyque républicain : l'indépendance politique de la nation, sa cohésion sociale et son développement matériel. Dans un pays catholique, où il ne pouvait y avoir deux légitimités, l'indépendance politique impliquait le gallicanisme puis, après l'avènement des Lumières, la laïcité. Dans une nation marquée par l'individualisme, la cohésion sociale dépendait d'abord d'un travail d'unification territoriale, linguistique et psychologique, qui fut l'œuvre de l'administration, de l'école et du service militaire : le *jus soli* porte la trace de cette conception assimilatrice de la citoyenneté ; l'adhésion des citoyens supposait ensuite, après la révolution industrielle, que fût réalisé un minimum de justice redistributive. Enfin, dans une société dominée jusqu'à la Libération par de fortes structures rurales, et obsédée par la préoccupation de son unité politique, l'impulsion du développement économique par le pouvoir est apparue non pas comme une fin en soi, mais comme un moyen d'assurer la cohésion sociale.

En sorte que l'utopie de l'abondance, qui caractérise aussi bien les pays libéraux de type anglo-américain et les systèmes sociaux-démocrates d'Europe du Nord que les anciens régimes marxo-léninistes, n'a jamais eu vraiment de prise sur une culture économique où le libéralisme économique orthodoxe a toujours été ultraminoritaire, et où le dirigisme planificateur s'est payé de mots – les « réformes structurales » de Blum, l'« ardente obligation » de De Gaulle – sans avoir jamais eu recours à la contrainte dans les faits. La pratique économique des trois dernières Républiques, du plan Freycinet à l'aménagement du territoire sous le gouvernement de M. Balladur, en témoigne. Même à l'ère triomphante de « l'expansion » pompidolienne, dont la gestion fut éminemment conservatrice, les libéraux et les socialistes ne se sont pas partagés en deux camps antinomiques, les non-interventionnistes d'un côté et les dirigistes de l'autre, mais se sont divisés sur le degré plus ou moins grand d'intervention étatique que les uns et les autres jugeaient nécessaire pour sauvegarder la paix civile, réduire les incertitudes, faire face à la compétition internationale et maintenir le lien social.

En somme, le « miracle » français – un miracle d'équilibre, mais aussi d'efficacité – a consisté dans l'inscription d'un peuple polymorphe, issu des souches les plus diverses, enrichi de nombreux courants d'immigration, dans le continuum d'un territoire et d'une histoire, par la volonté unificatrice de l'Etat républicain. Il faut garder ce schéma présent à l'esprit pour saisir, dans toute sa portée, l'ampleur du bouleversement en cours. Souveraineté, cohésion sociale et modernisation ayant toujours progressé ensemble, il suffit qu'un de ces termes soit défaillant pour que l'ensemble de la structure soit menacé de fragilité. Deux historiens, Serge Berstein et Pierre Milza, ont pu décrire toute l'histoire des crises politiques et sociales de la France au XXe siècle comme le résultat d'une dialectique entre la nation et la modernisation. La protestation de l'extrême droite contre la modernité, au nom de la nation, depuis les ligues boulangistes jusqu'au Front national, et la protestation de l'extrême gauche internationaliste et pacifiste contre la nation, au nom de la modernisation économique et sociale, sont les deux attitudes de contestation radicale qui ont fait obstacle à la République, et qui ont failli avoir raison de cette dernière quand, à la faveur d'un choc extérieur, leurs forces se sont conjuguées – en 1940 et en 1958.

II

Le « tremblement de terre » mondial

La crise actuelle est, à son tour, la remise en cause de ce « miracle ». Mais le rejet de l'ordre républicain n'est plus opéré, cette fois, de l'extérieur, par des idéologies s'opposant au nom d'autres modèles, d'autres valeurs. Le temps est, heureusement, loin où la remise en cause des modes de pensée dominants par de nouveaux courants philosophiques, religieux et littéraires, venus des élites de la société, pouvait être comparée à un « tremblement de terre », comme le fit Romain Rolland à propos de la crise antirationaliste des années 1900 d'où est sorti le fascisme. Ni l'extrême gauche tiers-mondiste et écologiste ni l'extrême droite intégriste n'ont plus de corps de doctrine, plus la moindre grille de lecture des événements auxquels se référer pour proposer une autre alternative que le rationnement ou la terreur blanche ; ce sont les dynamomètres du désarroi. Le maurrassisme, le fascisme, le marxisme-léninisme et l'anarchisme sont morts. Les données élémentaires sur lesquelles ces doctrines s'appuyaient ont perdu toute raison d'être. Que pèse la thèse nationaliste de la « France seule », quand la contrainte extérieure restreint de façon évidente la portée des décisions nationales ? Que pèse, réciproquement, la thèse internationaliste de l'ex-gauche révolutionnaire, exprimée au nom des « classes exploitées », et invoquant on ne sait quelle solidarité des tiers et quart mondes, quand les rapports de classes ont cessé d'être déchiffrables, et surtout quand il apparaît que l'Etat national et l'administration de Bruxelles sont les seules providences des plus démunis ?

En un sens, ces limites objectives aux extrémismes de droite et de gauche sont un progrès. Mais elles n'empêchent pas l'extrémisme du centre, sous ses deux formes complémentaires, que nous retrouverons plus loin dans ces pages : la tyrannie de la raison politique et la dictature de l'opinion. Elles n'empêchent pas, non plus, la formation d'un consensus idéologique ou, pour mieux dire, d'une *idéologie sans sujet*, produite par la société elle-même, en réponse à une situation nouvelle, devant laquelle la raison et l'opinion se découvrent désarmées. Elles n'empêchent pas enfin, bien au contraire, que cette idéologie repose, à défaut de doctrine de remplacement, non sur le rejet du « système » au bénéfice d'un autre, mais sur la répudiation de la politique elle-même.

Le « tremblement de terre » qui secoue la France s'explique, cette fois, par la caducité objective des structures elles-mêmes. Il résulte du démantèlement du modèle de l'Etat-nation, au moyen duquel la monarchie et la république ont construit l'unité française. Il secoue une architecture vieille de plusieurs siècles, en frappant de plein fouet sa clef de voûte : la souveraineté.

La première fissure est apparue, au milieu des années soixante-dix, avec le début de la crise économique mondiale. Elle venait de plus loin – des mutations techniques, dont les retombées n'ont épargné aucun des Etats de la planète, contraints désormais de tenir compte des échanges de biens matériels, d'hommes et d'informations circulant entre l'Ouest et l'Est, le Nord et le Sud. Partout, ce mouvement a déstabilisé les Etats nationaux : c'est lui qui a précipité l'effondrement de l'Union soviétique, jeté les foules à la merci des fondamentalistes dans les pays laïques de l'islam, obligé les gouvernements démocratiques à se protéger en sacrifiant une part de leur souveraineté à des organisations internationales. Partout, la crise de la souveraineté a été accompagnée d'une crise de la modernisation et de la cohésion sociale ; même aux Etats-Unis, où la tentative avortée de mise en place d'un système de sécurité sociale sous l'ère Clinton, visait à substituer le lien d'un Etat providence à la communauté de destin défaillante. Mais il est évident que c'est en France que l'édifice a été secoué de la façon la plus radicale.

On imagine mal, aujourd'hui, le scepticisme provoqué par le jeune président Valéry Giscard d'Estaing quand celui-ci parla, pour la première fois, de « mondialisation » en 1974 et annonça à un peuple mal réveillé de la grandeur gaullienne que la France ne représenterait plus qu'un pour cent de la population du globe au début du troisième millénaire. Les débats concernant le problème de l'indépendance nationale étaient alors centrés sur l'Europe ; sur la politique agricole commune ; et bientôt, en 1979, sur l'élection au suffrage universel d'une assemblée de Strasbourg dans laquelle les gaullistes et les communistes se refusaient à voir un Parlement. L'interdépendance économique, financière, démographique et écologique des Etats et l'extension planétaire des moyens de communication n'étaient guère perçues ; encore moins la formation d'une opinion publique mondiale, pesant à la fois sur les esprits et sur les marchés.

Le « village planétaire » était un enjeu industriel, certainement pas un sujet de réflexion politique. Raisonnant dans les catégories traditionnelles des relations internationales, les adversaires de la supranationalité européenne s'inquiétaient de l'impérialisme économique et culturel américain, ou des menaces que la puissance allemande ferait peser sur la sécurité. Leur perspective, depuis, n'a guère changé.

Les partisans de l'Europe, socialistes et démocrates-chrétiens, aspiraient, de leur côté, à l'unification d'un modèle de société social-démocrate, sous une forme semi-fédérale, disaient-ils, « à inventer ». La notion de « subsidiarité », empruntée à l'Eglise, a été, depuis, cette invention, sans guère résoudre l'énigme, puisqu'elle ne précise pas si ce sont les choix politiques importants ou les décisions techniques subalternes qui devraient rester, selon ses critères, du ressort des Etats nationaux. Aucun ne prévoyait les perturbations dangereuses qu'un alignement de notre pays sur ses principaux voisins, entraîneraient dans notre société.

Qu'on nous entende bien. Nous ne pensons pas que les contraintes entraînées par l'unification européenne doivent être surestimées : la preuve a été faite, depuis 1981, qu'en matière sociale il y avait place pour d'authentiques alternances – qu'il s'agisse des droits sociaux, de la fiscalité, de la décentralisation, des nationalisations, de l'école ou de la sécurité. Certes, dans les domaines de la monnaie, du commerce extérieur, des taux d'intérêt, les prises de décision autonomes sont apparues de plus en plus aventurées, bien avant le traité de Maastricht et l'ouverture du marché unique en janvier 1993. En mars 1983, le gouvernement socialiste avait été obligé d'opter pour le maintien dans le Système monétaire européen, après deux dévaluations ratées. En juin 1995, l'accession de Jacques Chirac à la présidence de la République n'a pas remis en cause ce choix, en dépit d'une campagne menée tout entière contre la « pensée unique », et en faveur d'une « autre politique ». Le souci de la crédibilité internationale du franc a conduit les néogaullistes à renoncer, comme leurs prédécesseurs, à la réduction des prélèvements obligatoires, cent fois annoncée, pour donner la priorité au redressement des finances publiques.

Mais l'autonomie monétaire de la France était-elle plus grande jusque dans les années vingt, au temps du bloc-or ? Et l'Europe n'a-t-elle pas eu bon dos, en 1983, pour faire avaler aux syndicats et aux socialistes purs et durs la nécessité de corriger la double erreur des déficits et des nationalisations par une réanimation du marché et par une politique de rigueur ? Même dans les matières les plus sensibles, comme celle de la monnaie, chaque gouvernement dispose, au sein de l'Union européenne, de capacités de négociation non négligeables. La France a obtenu, en 1993, une marge de flottement plus grande entre les monnaies, qui a fait hurler les puristes à la mort du S.M.E.

Réciproquement, la marge d'action de l'« eurocratie » de Bruxelles ne doit pas être exagérée. Il est vrai qu'aux termes des accords de Maastricht la concurrence, le contrôle aux frontières (suspendu à répétition, sur des prétextes techniques, depuis janvier 1994), les subventions industrielles, la fiscalité, l'environnement, la monnaie (avec la petite révolution constituée en France par l'autonomie de la Banque de France et l'indépendance du Conseil de la politique monétaire mis en place en janvier 1994) sont désormais tributaires des directives de la Commission de Bruxelles et des arrêts de la Cour de Luxembourg.

Mais les questions sensibles – notamment la fiscalité, les droits des travailleurs et la sécurité sociale – continuent à ne pouvoir être réglées que par consensus. Et tous les autres domaines – politique étrangère, éducation, police, justice, culture, industrie, réseaux de communication – sont protégés par le principe de « subsidiarité », tellement flou que chacun, s'il en a la volonté, peut l'interpréter comme il l'entend. En ces matières, aucune décision communautaire ne peut être prise, en principe, sans l'initiative du Conseil européen, qui réunit périodiquement les chefs d'Etat et de gouvernement.

Si donc les règlements communautaires se multiplient tous azimuts et entravent de plus en plus les possibilités de manœuvre des Etats membres, c'est que nous l'avons bien voulu. C'est surtout – d'autres l'ont signalé avant nous – que les textes émanant de Bruxelles sont examinés par l'administration française dans une perspective insuffisamment politique. Depuis la révision constitutionnelle du 25 juin 1992, un nouvel article (88.4) de la Constitution permet à l'Assemblée nationale et au Sénat de voter des résolutions sur les propositions d'actes communautaires. Mais cette compétence est limitée aux actes comportant des dispositions de nature législative, c'est-à-dire à moins de 10 % des textes. C'est évidemment beaucoup trop peu.

En somme, le processus européen d'unification aurait pu, et dû, être incomparablement mieux maîtrisé et expliqué. Il ne l'a pas été parce que, depuis vingt ans, les responsables politiques de ce pays ont voulu ignorer que le droit suit l'économie ; et que le droit est l'expression la plus directe d'un modèle de société, d'un type d'institutions, d'une forme de culture. Là où ceux-ci attendaient de l'Europe une modernisation des mentalités des entrepreneurs et des syndicats, une baisse des prélèvements obligatoires, un retrait de l'Etat, les normes de Bruxelles et le droit édicté par la Cour de justice de Luxembourg bouleversaient de fond en comble la culture politique et civique à laquelle la France avait dû, au fil des siècles, sa cohésion sociale et sa modernisation économique.

Il est curieux d'observer que, par un de ces paradoxes dont l'histoire est coutumière, les organes exécutifs et judiciaires européens ont retourné contre Paris les principes centralisateurs, imités des institutions françaises qui, lors de l'élaboration du traité de Rome, avaient présidé à leur conception. C'est ainsi que, depuis le « coup de force » de la Cour de justice de la C.E.E., proclamant en 1964 la supériorité du droit communautaire sur les droits nationaux, jusqu'à l'arrêt Nicolo du Conseil d'Etat consacrant tardivement cette primauté en 1989, en passant par la reconnaissance par la France de la Cour européenne des droits de l'homme en 1981, une révolution silencieuse a quasiment inversé la tradition républicaine qui voulait que la loi fût souveraine et que l'Etat fût la source dominante du droit. Non seulement quarante-cinq pour cent des textes applicables à notre pays sont d'origine européenne, mais la loi nationale elle-même, votée par le Parlement, en a été désacralisée.

Crise de la souveraineté, donc, et crise du droit. La lenteur avec laquelle ces chocs, étroitement liés l'un à l'autre, se sont étalés et continuent de se prolonger dans le temps ne doit pas dissimuler la profondeur du traumatisme. Les civilisations matérielles peuvent, à la rigueur, se transmettre sans douleur excessive. Pas les cultures. Le résultat du référendum sur le traité de Maastricht l'a vérifié, dans la candeur de ses chiffres. Au témoignage des enquêtes qui ont suivi la consultation, la faible majorité d'électeurs favorables – 51 % – a voté « pour la paix » et pour faire face à la concurrence des Etats-Unis et du Japon. Les 49 % qui ont voté « non » l'ont fait pour dénoncer la « perte de souveraineté » nationale et « les technocrates de Bruxelles ». 29 % des inscrits se sont abstenus. Entre ces trois chiffres, court un même discours : le sentiment d'une nécessité, l'angoisse devant le prix à payer, la tentation du repli.

La grande leçon de ce référendum n'est pas, en effet, l'opposition évidente entre une France moderniste et une France frileuse. Elle réside dans le fait que les partisans du « oui » ont voté expressément pour la contrainte économique, au risque de surestimer celle-ci ; et que leur explication de vote sans nuances a largement contribué à confirmer les inquiétudes de ceux qui, redoutant les retombées de cette contrainte sur la société, sont portés soit vers les extrêmes, soit vers l'abstention – en toute hypothèse vers le rejet de la politique. En ce sens, la renaissance d'un débat national, saluée comme une parousie à l'occasion de la campagne pour et contre le traité de Maastricht, n'a été qu'une apparence.

L'élection présidentielle de mai 1995 et, plus encore, les élections municipales de juin – marquées par la notabilisation du Front national et par le creusement du fossé entre Paris et la province – ont confirmé la tendance, en l'aggravant. Ainsi se développe le processus qui défait le maillage souveraineté-cohésion sociale-modernisation, en le tricotant, pour ainsi dire, à l'envers. Bien plutôt qu'à une « fracture » de la société en deux camps, les privilégiés et les « exclus », c'est à une régression, à une décomposition de la démocratie elle-même que nous assistons. A l'avènement d'un *Etat sans nation*. Le pouvoir, privé des attributs de la souveraineté, réels ou imaginaires, court en vain derrière un peuple qui a perdu les assises matérielles, politiques et mentales auxquelles il doit sa cohésion.

III

La démocratie contre la République

Quand, dans un Etat-nation comme la France, le citoyen a le sentiment que l'élu désigné par son vote n'a plus guère les moyens de modifier le sort commun ; quand il sait d'avance qu'un abîme sépare le discours politique de la réalité ; et quand l'homme politique lui-même se persuade, à tort ou à raison, qu'il ne dispose plus que d'un pouvoir résiduel, les conséquences d'une telle situation ne sont pas difficiles à prévoir. Nous en indiquions le mécanisme, déjà évident, il y a trois ans. Les occasions n'ont pas manqué, depuis, de le vérifier.

La première conséquence est l'utilitarisme. L'électeur choisit désormais son député, voire le président de la République, comme s'il s'agissait d'un élu local. Adieu au mythe du représentant de la nation tout entière, et au credo de la volonté générale. On vote pour un individu, en fonction des services immédiats qu'il peut rendre, comme conseiller général ou comme maire, et non pour un projet – et cela de façon d'autant plus naturelle que la civilisation de l'image incline, par ailleurs, dans le même sens. Le chef de l'Etat, Jacques Chirac, a été élu sur la foi d'un pommier corrézien. La légitimité d'un député provient aujourd'hui essentiellement de son mandat local : ceux qui s'imaginent que l'interdiction de tout cumul de mandats renforcerait le crédit des parlementaires feraient bien d'y réfléchir. En sorte que, plus le pouvoir est limité, plus il tend à se personnaliser. Plus son assiette se réduit, plus prolifèrent les démagogues. Et plus les partis, réduits à leur fonction de marche-pied, deviennent la proie des petits chefs, plus se renforce leur langue de bois. Sur ce champ de décombres, le clientélisme prospère ; les programmes multiplient, dans toutes les directions, les promesses catégorielles, les slogans ramasse-miettes, les projets attrape-tout – visant aussi bien le marin pêcheur que le P.-D.G., le militant homosexuel que la sœur tourière. La politique devient un « marché », avec ses consommateurs et ses prestataires de services, et ce marché a la dimension d'un village.

On s'imaginerait à tort ces défauts sans précédent. Ils sont inhérents à la démocratie. Ostrogorski, Weber, Pareto, Alain les ont décrits au début de ce siècle. Mais la disparition du cadre républicain les a rendus plus difficiles à vaincre. Elle en a, surtout, aggravé la portée. L'utilitarisme électoral, n'ayant plus à s'adresser à un imaginaire, et moins encore à des passions, a conduit les candidats à répudier les professions de foi diviseuses, qui reposaient naguère sur les visions du monde de la droite et de la gauche. Il s'agit désormais de faire assaut de vérités premières, d'affirmations incontestables. De là cet étalage de bons sentiments et de truismes, aussi peu contrariants que possible, et cette débauche de « valeurs » sans réplique – solidarité, égalité, éthique, transparence, droits de l'homme –, assenées au premier degré, comme si des générations de moralistes n'avaient pas réfléchi aux problèmes pratiques que soulève la contradiction des valeurs entre elles – liberté et égalité, éthique et justice, solidarité et mérite, respect et transparence, prévention et responsabilité, etc. Nous sommes très loin, ici, de la morale républicaine qui exigeait en priorité l'ascèse de l'esprit critique. Il n'est pas besoin de gratter beaucoup cette couche d'angélisme pour trouver, en dessous, les sables mouvants du nihilisme.

Et quel plus terrible aveu, en effet, de l'absence de fondements de cette morale que l'invocation parallèle, par les hommes politiques, d'arguments techniques, le plus souvent économiques, présentés, eux aussi, comme imparables parce qu'ils sont cautionnés par des experts ! Après les alibis du Bien, les pseudo-certitudes du Vrai. Dans ce paysage tiré au cordeau, quelle place reste-t-il au débat ? Faut-il que la politique ne soit plus capable de s'assigner des fins, pour s'identifier tantôt à la morale (angélisme), tantôt à la science (nihilisme), l'une étant l'envers de l'autre, au lieu de s'assumer pour ce qu'elle est – un conflit permanent, arbitré par le vote, entre des conceptions différentes du bien commun et de l'intérêt commun ! Ainsi se comprend l'ascension dans notre société de l'expert et du juge, qui a commencé au temps de M. Barre, vers 1976, et qui est devenue manifeste depuis trois ou quatre ans. Le temps n'est pas si loin où les arguments des techniciens ne pesaient pas lourd face aux objections politiques des syndicats. L'excès actuel est inverse : la politique, dénuée de tout crédit, reste sans voix devant les conclusions des experts ou les arrêts des juges. Comme si le sort d'une décision politique ne dépendait pas de sa capacité d'entraîner les cœurs autant que les raisons.

On aurait également tort, cependant, de sous-estimer un personnel politique qui ne manque ni de capacités, ni même de convictions. Mais ce personnel, quatre raisons, au moins, ont contribué à le discréditer. La première est le coût croissant des campagnes électorales, d'autant plus tributaires des techniques de communication que le fond du discours est condamné à s'appauvrir. Les circuits de financement occultes, les chantages aux marchés publics et le raisonnement scandaleux selon lequel les nécessités du financement d'un parti justifieraient les méthodes les plus viles trouvent là leur origine. Une autre raison tient au fait que, lorsqu'un responsable politique ne trouve plus de satisfactions dans l'exercice du pouvoir, il est naturellement enclin à rechercher des gratifications matérielles en contrepartie. La crise du service public, l'incertitude des moyens susceptibles de servir l'intérêt général, la faible reconnaissance de l'opinion, peuvent ainsi expliquer la vulnérabilité de certaines personnalités politiques à la corruption. Les plus nombreux se bornent à utiliser sans mesure les facilités liées, en principe, à leurs obligations – voiture, chauffeur, grands restaurants et billets d'avion. Ils vivent « sur la bête » : le parti, on peut leur faire confiance, n'en sera que mieux financé. D'autres piquent directement dans la caisse – mais ils sont l'exception, ne serait-ce qu'en raison du risque d'être pris et d'y laisser leur carrière. Une troisième raison est la rente de situation créée par une insuffisante circulation des élites. La fibre civique se détend vite, quand elle n'est pas stimulée par la concurrence. L'E.N.A., qui fournit plus de cinquante pour cent du personnel politique dominant – ministres et directeurs de cabinet –, pour des raisons évidentes de sécurité en cas de défaite électorale, porte, à l'origine de cette situation, une lourde responsabilité.

La dernière raison est l'ascension des experts et des juges. L'abaissement du seuil de tolérance et l'élévation du niveau des sanctions n'étaient nullement inscrits dans l'évolution, supposée fatale, de l'esprit public en période de crise, comme en témoignent les votes municipaux qui ont reconduit des édiles douteux, en se moquant de leurs déboires judiciaires, pourvu qu'ils fussent efficaces. Un intéressant sondage de la Sofres, de décembre 1994, le disait clairement. A choisir entre un homme politique honnête, mais peu efficace, et son contraire, les jugements se partageaient. La multiplication des « affaires », avec ses conséquences ravageuses sur la vie politique, est beaucoup plus la manifestation de la prise de pouvoir par de nouvelles élites que l'effet d'on ne sait quelle civilisation des mœurs. Pour être sans visage, l'idéologie provoquée par la crise de l'Etat n'en est pas moins un construit.

Outre l'utilitarisme, dont on vient de décrire les effets, la seconde conséquence du démantèlement de l'architecture républicaine est d'une ampleur comparable : c'est l'explosion communautaire qui prend, elle aussi, sa source dans la remise en cause du *premier moteur* de la dynamique nationale, la souveraineté. Quand, pour assurer l'unité d'un peuple, la loi et l'économie ne remplissent plus leur fonction, ce sont les fondements les plus archaïques des solidarités humaines – la race, la religion et la langue – qui passent au premier plan. De la même façon qu'aucune société organique ne peut échapper au totalitarisme si elle ne protège pas les libertés individuelles au moyen de critères formels, aucune démocratie, si formelle qu'elle se veuille, ne peut se passer tout à fait de liens naturels, ethniques, sous peine de sombrer dans l'anarchie. Louis Dumont l'a montré, à propos de l'Allemagne, en décrivant comment la greffe de l'esprit critique de la Réforme sur l'organisation tribale héritée du Saint-Empire a permis à la nation allemande de se sauver – au risque de rechutes – en recueillant, à travers la synthèse de Herder, l'héritage individualiste et universaliste des Lumières. Fernand Braudel, Raoul Girardet, Pierre Nora, Dominique Schnapper, Michel Winock et d'autres encore ont rappelé, en sens inverse, que la France républicaine a défini son projet assimilateur et sa volonté de vivre ensemble, selon l'expression de Renan, sur fond de lointaine mémoire, de gloires partagées, d'attachement à une culture (plutôt qu'à une langue) et à un sol (mais non à une race). Même ainsi, les cultures régionales se sont identifiées et affirmées dans le dernier quart du XIXe siècle, en même temps que la République, sinon contre celle-ci. Même dans une nation individualiste et cartésienne comme la nôtre, un minimum vital de références organiques – la terre, les morts, la puissance – a été indispensable pour légitimer l'adhésion des citoyens aux sacrifices exigés par le projet collectif.

Comme une digue se rompt, l'ébranlement des bases de l'Etat-nation a libéré le jaillissement de ces aspirations communautaires. Faute de trouver désormais une légitimité aux efforts qui leur sont demandés, les citoyens en quête de sociabilité s'efforcent de reconstituer des solidarités naturelles. Avec cette particularité, essentielle, qu'ils sont obligés de les inventer. La France n'a pas de modèle, pas de cadre historique dans lequel ces aspirations pourraient s'inscrire. Compte tenu de la continuité de la centralisation monarchique, qui a caractérisé l'absolutisme, point de régions, de « pays », de corporations ou de *lobbies* ayant appris à vivre ensemble et à discipliner leurs conflits, comme c'est le cas aux Etats-Unis et chez nos principaux voisins de l'Europe du Nord. Même si les groupes, en Allemagne, en Autriche et dans les pays scandinaves, n'ont plus d'assises sociologiques suffisamment nettes pour garantir le bon fonctionnement de leur social-démocratie, leurs institutions et leur droit ont sacralisé les minorités ; le libre usage de la vie privée y est subordonné au respect des normes, qui sont valorisées. Il faudra longtemps pour que ces sociétés perdent le sens des disciplines collectives et du compromis, enraciné dans des cultures où tout est social, et rien n'est politique – d'où il s'ensuit que le politique se mêle de tout.

La culture politique française est – heureusement ! – tout le contraire. La grande idée de la volonté générale exclut que les lois prennent en compte des intérêts minoritaires. Elle suppose, pour s'exprimer, un débat, arbitré par le principe majoritaire, entre des partis incarnant des visions du monde, et non un compromis entre des groupes sociaux. Elle implique, idéalement, que ces lois, réduites au plus petit nombre possible, ne portent que sur les questions d'intérêt général, définies par le débat démocratique – le reste étant du ressort de la vie privée, et non du politique. La séparation des ordres, en interdisant la prolifération des normes, et l'égalité des citoyens devant la loi, en interdisant tout statut particulier, barre la route aux idéologues et aux factions, notamment religieuses, et garantissent la liberté.

Il est difficile d'évoquer sans nostalgie ce système qui a fait ses preuves, en dépit de poussées de fièvre, au total tellement moins assassines que les guerres civiles américaines, et moins coûteuses que les grèves et les alternances britanniques – pour ne rien dire des explosions racistes qui continuent de couver, en Allemagne, sous la cendre nazie. Et difficile aussi de ne pas penser – tout en sachant qu'on ne recrée pas le passé – que ceux qui se réjouissent, aujourd'hui, de la « sortie de l'exception française » se préparent aux plus énormes déconvenues et sont, comme disait Raymond Aron, « de pauvres gens ».

Car enfin, l'explosion communautaire qui, sous couvert de démocratie, se déchaîne sur les ruines de la République, regardons-la. Il faut être aveugle pour refuser de voir qu'il ne s'agit pas d'une « avancée », mais d'une régression. Faute d'une culture qui lui serve de repère, elle s'improvise, et part dans tous les sens : corporatismes, associations culturelles, caritatives, sexuelles, *lobbies* consuméristes, groupes de pression ethniques et religieux, sectes intégristes... A chacune de ces « communautés » sa revendication, son besoin de stigmatiser l'adversaire, sa mémoire. Mais surtout une psychologie commune, qui rapproche l'intégriste de la militante féministe, du défenseur de la langue française, de l'exploiteur médiatique de la « culture jeune » ou de l'usager de l'administration parisienne, et qu'il devient urgent, vital de démasquer : la même haine de l'intérêt général, au nom d'un supposé bien commun ; la même prétention d'ériger des intérêts particuliers en normes universelles ; la même traduction, purement rhétorique, de pratiques sociales en termes de valeurs ; le même terrorisme moral, qui vous saute à la gorge en vous prenant au mot ; la même stratégie subversive, consistant à opposer le droit à la loi, ou, à défaut, à détourner au bénéfice des groupes de pression le principe de l'égalité des citoyens devant la loi, comme si la liberté du citoyen et les conformismes de groupes coïncidaient ; la même exploitation, enfin, de la mémoire, la même invocation d'une culpabilité collective, sous prétexte d'éviter le retour des crimes passés – en réalité pour enchaîner l'individu à un destin –, là où il faudrait le pardon et, comme le préconisait Renan, l'oubli.

Tel est le bilan de l'Etat sans nation : l'escalade des divisions, des sectarismes, des angoisses. La perte progressive de confiance dans ce que l'on pouvait croire, il y a trois ou quatre ans encore, l'acquis irréversible de la République – les institutions, la citoyenneté, la laïcité. Et, dans le climat de conformisme moral auquel les responsables politiques eux-mêmes se complaisent, la disparition quasi complète des traits du caractère national – l'esprit critique, le panache, l'humour – qui faisaient des habitants de ce pays un des peuples les plus libres de la Terre. Tout cela, au nom d'une idée de la démocratie ramenée, concrètement, à un rapport de forces. Ce bilan est né d'une conjoncture. Il dépend des citoyens de ce pays qu'il soit provisoire.

Deuxième partie

LA COMMUNAUTÉ, VOILÀ L'ENNEMI !

I

La laïcité généralisée

En avril 1927, à Constantine, Albert Sarraut avait lancé l'apostrophe célèbre : « Le communisme, voilà l'ennemi ! » Eh bien ! aujourd'hui, pour nous, le péril s'est déplacé en amont, ses manifestations et ses causes ont changé. Mais, quant à ses ressorts psychologiques, il est resté fondamentalement le même : la communauté, voilà l'ennemi ! Si réalistes que se veuillent ses objectifs de participation démocratique et de fraternité, l'exaltation du fait communautaire est l'aberration idéologique majeure de ce temps. Déjà, en 1863, dans un texte célèbre en faveur de l'indépendance polonaise, Michelet avait prophétisé la logique perverse qui conduirait la Russie à vouloir faire du système communautaire du *mir* – qu'il qualifiait de « communiste » – la clef d'un socialisme à vocation universelle, pour proclamer ensuite, à la face du monde : « je suis le socialisme ». L'idéologie communautaire, il est vrai, n'a pas de père ni de patrie. Mais, comme le marxisme-léninisme, elle se répand sur la planète, elle oppose les clans, affaiblit les volontés, et vole avec la même rapidité au-devant des bonnes raisons que chaque génération se donne de renoncer à l'exercice coûteux de sa liberté.

Les objections à cette thèse ne nous échappent pas. La notion de « communauté », nous dit-on, n'est pas, en soi, si pendable, et rendre cette dernière responsable de tous les maux qui frappent la démocratie est peut-être aller vite en besogne. Le mot communauté – qui a impliqué, dès ses origines latines, un lien très puissant, puisque Cicéron le confondait avec *communion*, avant l'emploi du mot par la langue ecclésiastique – est parfois utilisé, de nos jours, dans le sens de *civisme*, qui se rapporte, au contraire, au *civis*, défini comme le membre libre d'une cité. Toute communauté n'est pas nécessairement régressive. L'idée de régression a ceci d'inquiétant qu'elle convient à la fois aux réactionnaires et aux progressistes. Elle permet, trop souvent, de rejeter le présent en bloc, au nom de vaticinations catastrophistes ou d'utopies déçues qui se donnent, à bon compte, les apparences de la raison. Les misérables du tiers monde, soutenus dans leur détresse, faute de mieux, par les « organisations non gouvernementales » et par les missions religieuses, n'ont pas à se plaindre, que l'on sache, d'une régression. La détestation du fait communautaire *en soi* peut être, au surplus, un identitarisme à rebours, et amener, comme ce fut le cas sous la Terreur, à vouloir exterminer l'ennemi au titre de son appartenance (aristocrate, Vendéen ou Anglais), tout en respectant une idée abstraite, absolue, de l'individu en particulier. L'attitude des Occidentaux à l'égard de la « purification ethnique » menée par la Serbie contre les « petites nations » d'Europe balkanique ne procède pas d'une inspiration très différente : on déplore le sort des victimes considérées comme individus, on blâme leur prétention de se constituer en communautés.

Enfin, l'idéal d'un individu totalement libre, sans aucune appartenance, aucun préjugé de groupe, aucun esprit de corps, capable de se déterminer en toutes matières en fonction de son seul jugement, est une vue de l'esprit. Non seulement parce qu'un tel individu n'existe pas – « quel est l'homme, demandait Rousseau, qui pourrait ainsi se séparer de lui-même ? » –, mais aussi parce que cet individu ne serait pensable que dans une société parfaitement cosmopolite, qui n'est pas plus probable. L'individualisme absolu est une utopie anarchiste, en fin de compte aussi aliénante pour la liberté.

Rien de tout cela n'est faux. Nous avons suffisamment souligné que les nations individualistes modernes comportent toutes, dans des proportions variables, une part irréductible de références communautaires, pour que l'on ne nous suspecte d'ignorer de tels arguments. Le propre de la raison politique est d'intégrer les passions dans l'objet de son analyse. Or les passions politiques sont indissociables de tout engagement politique. Et le besoin de communauté, plus ou moins fort selon le tempérament et selon l'éducation reçue, est une de ces passions.

Reste que l'individualisme est notre aspiration la plus haute. Que l'horizon de toute pensée politique devrait être, selon nous, la société idéale dans laquelle la sphère de l'indépendance privée ne serait entamée que par les obligations de la défense, de la sécurité, des équipements collectifs et de la solidarité, tels que le débat politique les définit en fonction des mouvements d'idées et des mœurs. Et que la République française est, parmi toutes les démocraties, le pays qui se rapproche le plus de cet horizon. Le contractualisme américain s'appuie, par définition, sur les communautés et les *lobbies*. La social-démocratie allemande et scandinave repose sur le compromis entre les groupes.

Le génie du système français de l'Etat-nation est d'avoir reconnu des droits aux seuls individus, et non aux groupes, quels qu'ils soient – que leur lien communautaire procède d'une origine corporatiste, idéologique, religieuse ou ethnique. Dans la logique du *Contrat social*, tous les citoyens sont égaux, sans discrimination, devant la loi, avec les mêmes droits et les mêmes devoirs, et il ne saurait y avoir, au sein de la société, de minorité qui puisse bénéficier de règles particulières – sous peine que, de proche en proche, chacun en tire argument pour sortir du contrat, et que triomphe de nouveau le droit du plus fort. Chacun est libre de souscrire à une communauté, pourvu que cette dernière respecte la loi. Mais un tel choix doit demeurer affaire privée. Il ne regarde pas plus l'Etat qu'il ne crée un droit particulier de peser sur la volonté générale. Aucune communauté ne peut être titulaire ni, *a fortiori*, créatrice de droits. Aucune ne peut être créatrice de discriminations. C'est pourquoi, par exemple, la notion, devenue banale, de « culture d'entreprise » nous paraît scandaleuse, dans le mesure où elle implique des critères d'embauche discriminants, contraires au principe posé dans le préambule de la Constitution de 1946. La partie ne peut pas plus décider pour le tout que le tout ne peut créer un droit exorbitant du droit commun au bénéfice d'une partie. Ainsi, délié de toute sujétion par rapport à son groupe, religieux, ethnique ou social, l'individu apprend-il à regarder au-delà, et à penser le particulier sur fond d'universel.

Ce modèle est – ou plutôt était – unique au monde. Sans doute, jusqu'à sa remise en cause récente, était-il imparfait. Sous les deux précédentes Républiques, la dérive de la politique des partis a rendu la loi particulièrement vulnérable à l'influence des groupes de pression, qui ont culminé sous la IIIe : Union des intérêts économiques, Association de défense des classes moyennes, Comité des forges, fédérations de contribuables, *lobbies* de la presse financière, de l'alcool, de l'immobilier, etc. La Ve République a rétabli de l'ordre, et redonné corps au principe du vote personnel, en répartissant les tâches : à l'exécutif la maîtrise de fait de l'élaboration de la loi ; au législatif le débat et le contrôle. Mais la pratique du régime a tendu à sacrifier le parlementaire, en sorte que le pouvoir législatif est aujourd'hui la composante de nos institutions la plus lourdement frappée par la crise de l'Etat-nation. L'impuissance des partis entraîne les mêmes conséquences que, naguère, leur omnipotence : les élus, on l'a dit, déçus par l'insuffisance de leur marge d'action au niveau national, sont redevenus attentifs aux intérêts catégoriels et locaux, et, pour certains, accessibles à la corruption. Ce n'est pas une raison pour vouloir changer de République, et pour loucher vers d'autres modèles, avec pour principal effet d'affaiblir encore davantage le régime, quand le remède est évident. Le renforcement de la représentation parlementaire est la direction nécessaire vers laquelle le pouvoir actuel s'oriente. Il n'est pas sûr – on le précisera au moment de conclure – que ce soit par les meilleurs chemins.

Bien d'autres entorses, très anciennes, à notre modèle pourraient être invoquées. Certaines tendent à disparaître, comme les liens instaurés entre la C.G.T. et le Parti communiste, sous l'influence bolchevique, depuis la scission de la C.G.T.U. en 1920 – alors que la séparation de principe entre les partis et les syndicats est une spécificité française. D'autres commencent à peine à être remises en cause, comme les privilèges arrachés par les syndicats de fonctionnaires, de cheminots, de mineurs, sous la forme d'avantages de retraite, ou encore par les dockers et ouvriers du livre, sous la forme de monopoles d'embauche. Cette dernière pratique, institutionnalisée en Angleterre et aux Etats-Unis, a beau être interdite en France depuis 1956, elle n'a été abandonnée qu'à une date récente, au prix d'une rude bataille, par le syndicat C.G.T. des dockers.

On peut considérer aussi que l'utilisation politique du droit de grève n'a pas cessé de violer le principe républicain de séparation entre les intérêts politiques et les intérêts sociaux, puisqu'elle donne aux syndicats le pouvoir indirect de s'opposer à une loi votée par le peuple, voire de faire tomber un gouvernement. C'est le paradoxe de l'existence de syndicats révolutionnaires, dans notre pays : comme tels, ceux-ci ont évité, en principe, la confusion entre représentation politique et représentation des intérêts catégoriels, qui est la plaie des social-démocraties. Mais, en politisant à outrance les conflits du travail, le plus ancien d'entre eux, la C.G.T., aurait pu constituer une menace pour la République, si le P.C.F. l'avait voulu – notamment en 1936, en 1944 et en 1968.

Il faut pourtant observer que les syndicats n'ont pas échappé, dans notre droit, aux modes de régulation qui permettent aux membres de tout groupe, quel qu'il soit, de s'en détacher assez pour s'élever à la conscience de l'universel. Ce sont, comme tous les autres groupes, y compris les partis, des associations régies par la loi de 1901. L'adhésion à la grève doit pouvoir être un acte individuel. Les piquets de grève et les occupations d'usines, qui portent atteinte à la liberté de l'entreprise et du travail, ont été condamnés par une jurisprudence constante, jusqu'au début des années 1970. Le lock-out patronal, qui fait obstacle à la liberté du travailleur, est interdit, sauf urgence, par la loi. Le vrai problème posé, aujourd'hui, par les syndicats est leur faible représentativité et le fait que leur dépolitisation les fasse revenir au corporatisme et aux méthodes anarchiques de leurs origines. L'apparition d'une jurisprudence qui tend à valider les occupations d'usines lorsque celles-ci s'opèrent sans violence n'est pas faite pour arrêter le processus, et constitue un autre sujet d'inquiétude : il est considéré comme de plus en plus normal que l'individu puisse se voir retirer par le groupe la liberté qu'il est, de toute façon, de plus en plus difficile de faire valoir sans le groupe.

Enfin, le principal reproche adressé au modèle républicain est la solitude dans laquelle celui-ci est censé abandonner l'individu face à l'Etat. Comme si la quasi-inexistence sociale des citoyens dépourvus d'appartenance communautaire n'était pas, aux Etats-Unis et dans les pays social-démocrates, un défaut pire encore. L'histoire de la France est là pour témoigner que, chaque fois que l'individu a eu besoin d'un point d'appui pour résister aux empiétements du pouvoir, il l'a trouvé : depuis l'école laïque, qui éveille à l'esprit critique tout en respectant le « caractère propre » des différentes familles spirituelles de la France, jusqu'aux recours juridictionnels, en passant par les organisations pluralistes – associations, syndicats – qui, par la confrontation « horizontale » des points de vue, éveillent les citoyens à la conscience et à l'organisation d'un refus. Le danger de nos dérives communautaires est de rendre ces points d'appui – école, juges, syndicats – chaque jour plus divisés, plus fragiles et moins dignes de foi.

On aimerait connaître une autre société où l'individu ait disposé – et puisse se doter encore – d'autant de moyens d'échapper *à la fois* à la tutelle des communautés et aux empiétements de l'Etat. D'être citoyen à part entière sans renoncer à lui-même. Cela s'est fait au prix de conflits, sans doute. Mais, à moins de croire que la vie sociale soit intériorisée par le bébé dans le sein de sa mère, existe-t-il une liberté capable de prendre conscience d'elle-même, en dehors de l'épreuve du conflit ? De Rousseau à Sartre en passant par Hegel et par Freud, il n'est pas un penseur ayant compté dans l'histoire de l'Occident qui n'ait étayé sa réflexion sur ce constat.

De cet appareil grandiose, la laïcité, toujours invoquée comme la seule parade devant les poussées de l'intégrisme et du racisme, n'est, on le voit, qu'un point d'application particulier. Mais elle en a assuré les fondations anthropologiques, en faisant reposer sa logique sur une conception de la nature humaine, et pas seulement sur un système d'organisation des pouvoirs. Une nation est une culture, une manière de penser et de dire avant d'être un système de lois et d'institutions. En dépit des bémols mis à la clef de l'idée laïque par l'humeur consensuelle de ce temps, on aurait tort d'affadir cette grande notion. Elle est bien plus combative, et beaucoup plus incompatible avec l'héritage chrétien qu'on ne veut bien le dire. Elle consiste d'abord, comme chacun sait, dans la séparation de Dieu et de César, conçue initialement par l'Eglise, dès Thomas d'Aquin, comme un moyen de préserver l'autorité spirituelle du pape en contrepartie de la reconnaissance du pouvoir temporel.

Mais si elle est si mal acceptée des hiérarchies religieuses ; si même l'Eglise catholique, que son histoire a le plus éloignée du sectarisme, se plie à sa contrainte par *hypothèse*, c'est-à-dire par adaptation aux nécessités temporelles, et non par *thèse* – traduisons par doctrine – ; s'il a fallu à l'idée laïque recourir sans cesse à la loi pour s'imposer ; et si, aujourd'hui encore, il semble que cette idée doive de nouveau brandir un glaive contre les nouveaux sectaires qui la défient, c'est que le principe de séparation qui la fonde est foncièrement contradictoire avec la philosophie de l'homme sous-jacente au fait religieux lui-même. Toutes les religions ont une conception unitaire de la personne. La construction d'une identité totalement unifiée par la référence au divin est leur finalité première. Croire sans pratiquer, être différent en dedans et au-dehors sont, aux yeux du fidèle, des impostures de pharisien. L'erreur peut être pardonnée, mais elle n'en est pas moins erreur. Et si le christianisme comporte moins de prescriptions de vie publique que l'islam, il n'en reste pas moins que l'incroyant est, à ses yeux, un incapable moral ; la séparation entre le public et le privé, *a fiortiori* la distinction entre les différentes modalités de l'être lui sont étrangères. Sa conception totalisante de la personne apparaît avec suffisamment de clarté dans l'obligation faite au chrétien d'*aimer* son prochain – ce qui implique que le moi religieux ne se sépare pas du moi affectif et du moi rationnel. Car enfin, ne puis-je respecter autrui sans qu'il faille, en plus, l'aimer ? Le mystère de la sainte Trinité semble, il est vrai, laisser une place au pluralisme de l'être. Mais il sous-entend, à la réflexion, le contraire : que, pour se prétendre pluriel, il faut que l'individu se veuille Dieu en personnes. Tous les cultes se refusent, fondamentalement, à admettre que le moi soit synthétique de natures différentes, définies en fonction de critères variables selon les objets, les interlocuteurs et les projets. Tous sont allergiques à la modernité qui, en divisant les tâches, a multiplié les appartenances, et favorisé, de la sorte, la prise de distance nécessaire pour que l'individu échappe à ses déterminismes et se libère de cet acte de servitude volontaire que l'on appelle une identité.

Une fois de plus, c'est dans la patrie de Montaigne que l'individu a appris le plus tôt, et de la façon la plus consciente, à se penser lui-même non comme « un », mais comme « ondoyant et divers », comme pluriel, et, partant, comme libre de se définir dans la multiplicité de ses possibles – le croyant, l'homme privé, le travailleur, le citoyen, l'artiste, etc. Point d'hypocrisie ni de tricherie là-dedans. La capacité du sujet d'assumer la diversité de ses natures sans cesser pour autant de se considérer comme responsable, fait le sage. Son incapacité fait le fou. Et son refus dessine l'idéal antihumaniste du totalitaire, ou la réalité inhumaine du saint.

C'est ce système de *laïcité généralisée* qui, en même temps que l'Etat-nation, part aujourd'hui en lambeaux. Avec pour conséquence le surgissement d'une tension sans précédent, d'un *double bind,* comme disent les psychologues, entre l'aspiration individualiste et le besoin de communauté – tension dont la culture républicaine avait résolu le dilemme.

D'un côté, en effet, la crise de l'Etat-nation supprime la visibilité des contreparties aux efforts demandés. L'individualisme du citoyen s'en trouve exaspéré. La solidarité pèse plus lourd. Les inégalités et les injustices sont encore moins tolérées. L'autre redevient une menace. Non seulement le citoyen ne consent plus aux sacrifices exigés par la solidarité, mais il confond ses désirs avec son droit. Le moindre déplaisir causé par autrui est perçu par lui comme un préjudice intolérable, dont la société lui doit réparation. Il est moins prêt que jamais à renoncer à réclamer à la collectivité le bénéfice d'une protection sociale considérée comme insuffisante parce qu'elle est menacée. Plus l'Etat est faible, plus il consent d'avantages. Et plus il cède à la demande sociale, plus il déçoit.

D'un autre côté, et *a contrario*, l'omniprésence de pouvoirs publics impuissants exaspère, chez les citoyens, le besoin symétrique de créer d'autres solidarités, sous la forme de corporations et de communautés organiques – investies de la mission paradoxale de faire triompher les aspirations individuelles contre l'Etat et contre les autres groupes, *au prix de dépendances nouvelles*. Tocqueville avait prévu le repli individualiste dans la sphère privée. Il n'avait pas prévu que ce repli serait *en même temps* identitaire. Ce qui prend forme, ou plutôt s'improvise, est un communautarisme informe et contradictoire, cumulant les effets pervers de l'égoïsme et du corporatisme : quelque chose comme un *individualisme tribal*, assez ambigu pour que les sociologues aient cru y reconnaître aussi bien le triomphe de l'individu que le retour du tribalisme. Chacun, en quête d'une résolution idéale des tensions entre son moi et son être social, cherche dans l'harmonie, voire dans la fusion du groupe auquel il *appartient* le paradigme de la société tout entière : c'est la logique des sectes, qui tend à devenir la matrice des nouveaux mouvements sociaux dont l'action obsédante se substitue à la logique conflictuelle des syndicats et des partis. Cet hybride, loin de contribuer à on ne sait quelle recomposition de la nation, menace de défaire celle-ci de fond en comble. Et le fait qu'il s'accompagne d'une extension illimitée des contraintes exercées par le pouvoir n'est pas le moindre effet pervers d'un processus qu'il faut bien appeler une régression.

II

L'individualisme tribal

Plutôt que de régression, peut-être serait-il encore plus juste de parler, utilisant un vocabulaire à la mode, de « déconstruction ». Le phénomène est moderne. Mais les formes qu'il prend dans notre société sont tellement liées à notre culture politique qu'une fois de plus le meilleur guide pour en mesurer les ravages est l'auteur du *Contrat social* : comme tous les fondateurs, c'est lui qui a le mieux pensé la ruine du système dont il a conçu l'architecture. Ce qui s'en va, en effet, dans la crise présente, est une idée, vieille et simple comme l'œuf de Colomb, que Rousseau a placée à la clef du *Contrat*, et qui est la notion de réciprocité.

La volonté générale, pour être autre chose qu'une fiction, exige que les citoyens soient sûrs que celle-ci s'appliquera à chacun d'eux dans les mêmes conditions. Si chaque individu pense, au moment de voter, que son choix devra s'appliquer à lui-même autant qu'aux autres, il cherchera nécessairement à s'orienter vers la réponse qui concilie le mieux son intérêt personnel et « l'utilité publique ». Et il s'engagera d'autant mieux, d'avance, à accepter le verdict du suffrage universel. Il faudra donc pour cela que la loi s'applique également à chacun et qu'elle ne fasse d'exception pour personne en particulier, et *a fortiori* pour aucun groupe.

Cette condition est indispensable, sinon suffisante, écrivait Rousseau, pour que la volonté générale « ne puisse errer ». Entendons par là que c'est la condition nécessaire pour qu'elle concilie la plus grande part de liberté possible avec le moins d'injustice tolérable, compte tenu de la société dans laquelle elle s'exprime. Contrairement à une vulgate qui a la vie dure, Rousseau n'a pas écrit que la volonté générale est « infaillible ». Seule la conscience morale est infaillible, pourvu qu'on sache l'écouter. L'expression de la volonté générale est d'abord affaire de procédure – la *Théorie de la Justice* de Rawls l'a compris. Elle suppose la réciprocité, seule capable d'obliger les passions à se soumettre au contrôle d'un *surmoi* collectif ; et de permettre ainsi à chacun d'accorder les principes universels que lui dicte sa conscience à la culture et aux mœurs de son pays. La réciprocité est la clef d'or qui donne au citoyen la possibilité de découvrir par lui-même, à travers son vote, le meilleur rapport entre l'universel et le particulier, sans qu'aucun groupe, aucun pouvoir, aucun comité d'experts – au demeurant incapables de le trouver –, aient le moindre prétexte de le lui imposer. Supprimez l'idée de réciprocité, et vous avez les passions, les intérêts particuliers, ou la prétention insupportable des idéologues d'imposer des lois qui ne tiennent aucun compte des mœurs et des mentalités.

« La justice, pour être admise en tous, doit être réciproque », notait Rousseau au début du chapitre « De la loi ». En posant ce principe de liberté, qui n'a pas pris une ride, le *Contrat social* a consacré la révolution anthropologique des Lumières. Il a fourni l'outillage mental d'une société dans laquelle les hommes, arrachés aux solidarités communautaires, ne pensent plus leurs relations en passant par le détour d'une référence *verticale* au seigneur, au monarque, à Dieu ou à tout autre absolu en surplomb. Il a dessiné la configuration *horizontale* d'un espace politique dans lequel les regards des individus se croisent, où les différences se perçoivent sur fond d'universel et où les volontés, en se confrontant, découvrent qu'elles sont responsables. On comprend l'importance de l'éducation laïque dans cette conception de la liberté. Réintroduisez du *vertical* dans la représentation du social, cessez de demander aux individus de se définir comme citoyens non par rapport à eux-mêmes et à l'idée qu'ils se font de la société, non par leur vote dans l'*isoloir*, mais en fonction de leur appartenance à tel groupe de pression, à telle religion, à telle communauté, et ce sont des modes d'intériorisation de la *réciprocité* que vous verrez se défaire. Ce sont les conditions nécessaires au fonctionnement normal de la démocratie que vous détruirez.

Cela ne signifie évidemment pas qu'il faille se méfier des associations politiques et civiles démocratiques, dont l'organisation interne et la fonction s'inscrivent précisément dans le schéma de la confrontation *horizontale* entre individus décrite par Jean-Jacques. A l'opposé des structures communautaires, qui sont organiques, voire fusionnelles, leur logique est libératrice, dans la mesure où elle est *dialectique* et où elle se donne pour but la régulation des conflits à travers lesquels l'autonomie de l'individu s'affirme et se construit. Les partis non totalitaires subordonnent la tentation inévitable de se concevoir comme les modèles et les porteurs de la représentation d'une société idéale à la reconnaissance de l'alternance et du pluralisme. Les communautés exploitent les ressorts de l'identification, les partis font appel à l'adhésion. Ils sont les relais dont les individus ont besoin pour donner forme et sens au débat politique.

Quant aux associations civiles non communautaires, elles ont une fonction d'éveil à la résistance : on prend mal conscience de son droit quand on croit être seul de son avis. Il faut pouvoir confronter son point de vue avec l'autre pour être sûr qu'il y a lieu de s'opposer, et s'en donner les moyens. Le dévouement que les associations requièrent de la part de leurs membres, en vue d'un objectif commun, fait d'elles, comme l'a montré Tocqueville, des points de passage privilégiés pour que l'individu apprenne le social, et pour qu'il intériorise les contraintes de la réciprocité. Mais pour que cette pédagogie de la citoyenneté produise ses effets, pour que l'intérêt général l'emporte sur l'intérêt particulier, encore faut-il que le pouvoir politique reste distinct de la société civile. Et que l'individu reste, à l'intérieur de son groupe, une personne capable de distinguer le particulier de l'universel. Ce qui suppose que les partis et les groupes répondent à deux exigences.

La première est le pluralisme : qu'un parti, un groupe soient trop forts, et ils domineront tous les autres. La partie décidera pour le tout. Un intérêt s'imposera à la société, et le principe de réciprocité, garant de l'intérêt général, ne pourra plus fonctionner. D'où la vertu, découverte tard en politique, de la bipolarisation et de son corollaire, le scrutin majoritaire. En opposant face à face deux coalitions de dimensions comparables, contraintes, chacune, de négocier son programme entre différents partis, et vouées à s'équilibrer l'une l'autre, la démocratie a trouvé la meilleure organisation possible du pluralisme : le conflit à jeu égal conduit les acteurs à intérioriser les contraintes de la réciprocité ; il oblige le vainqueur, sorti des urnes, à renoncer à la domination et à la violence, et à gouverner modérément, sans être nécessairement, lui-même, modéré.

Ce mécanisme ne peut fonctionner que si les adversaires de la règle du jeu ne deviennent pas majoritaires, comme ils le sont aujourd'hui. La bipolarisation droite-gauche a perdu une grande partie de sa raison d'être aux yeux de l'électorat, par suite de la disparition des idéologies ; et parce que la droite et la gauche institutionnelles, à force de surestimer les contraintes liées à la mondialisation et à la crise, en sont venues à se ressembler. En sorte que, la déception s'ajoutant à la crise, une masse critique d'électeurs s'est réfugiée soit vers les partis extrêmes, soit vers l'abstention. Ce processus est bien connu. Ce que l'on voit moins, et qui est, à terme, plus dangereux encore, c'est qu'un nombre croissant de citoyens, persuadés de l'impuissance des pouvoirs et refusant, du même coup, les obligations imposées par ce pouvoir, choisit de peser sur la vie collective en s'engageant dans des associations civiles investies de la mission de remplir la fonction de lien social à laquelle les partis ne répondent plus. Du coup, la distinction entre le pouvoir politique et la société civile se brouille au bénéfice de cette dernière, en sorte que les associations, censées constituer des contre-pouvoirs, occupent presque tout l'espace du pouvoir, sans que le pouvoir puisse constituer lui-même, face à elles, un contre-pouvoir.

Le but poursuivi par l'association civile est, en principe, la transaction, le compromis cher aux régimes sociaux-démocrates, puisqu'il s'agit, à travers le système associatif, de recréer des solidarités, de reconstruire le social. Mais il faut, pour cela, des groupes représentatifs : les syndicats ne le sont plus. Il faut aussi une certaine continuité dans les revendications. Or celles-ci sont improvisées, selon les besoins, et donnent lieu à l'organisation, plus ou moins spontanée, d'éphémères « initiatives » et « coordinations ». Il faut enfin un Etat investi d'une légitimité majoritaire, ce qui a cessé d'être le cas depuis les années 70 et après que la décentralisation et deux cohabitations entre un président de la République de gauche et une majorité parlementaire de droite ont achevé de rendre le lieu de la légitimité introuvable. La principale conséquence de ce désordre est que la vie politique tend à être dominée par des affrontements d'intérêts sans médiation. Elle devient le champ clos de groupes rivaux, décidés à arracher à l'Etat le maximum d'avantages. On voulait éviter le conflit, et l'on s'aperçoit qu'on a réuni les conditions de la violence. La grève fait place à la prise d'otages – avec les occupations d'usines, les séquestrations d'employeurs, voire d'instituteurs, les opérations de blocage des autoroutes, des chemins de fer, des transports urbains, des aéroports. La manifestation dégénère en jacquerie – avec les bris de vitrines, les destructions d'équipements collectifs, l'incendie de monuments symboliques, comme le Parlement de Bretagne à Rennes en février 1994, et la dégradation, naguère sacrilège, de l'outil de travail.

En réponse à ce changement d'attitude des citoyens, l'Etat a cru compenser la désagrégation du lien politique national en multipliant les procédures d'intégration économique et sociale : telle a été l'intention de la décentralisation brouillonne des années 80 et de la pratique gestionnaire et « consensuelle » qui a tendu à négocier les décisions de façon systématique avec les corporations et les communautés. Qu'il s'agisse de l'éducation, de la police, de l'action sanitaire et sociale, de l'environnement, de la politique de l'énergie, de la politique culturelle, etc., il n'est plus un domaine où le pouvoir prenne une décision sans chercher à satisfaire les intérêts corporatifs les plus contradictoires et sans se placer, lui-même, sous leur surveillance. Ce faisant, promettant à tous et « saupoudrant » des mesures destinées à ne contrarier personne, il ne pouvait que décevoir et s'affaiblir davantage. Les élus, sans crédit, volent, pour se maintenir, au secours de leurs détracteurs. Quant aux mouvements sociaux, effrayés par les dérives qu'ils déchaînent, ils s'évertuent à désamorcer la violence par le détour du droit et en se livrant à quelques démonstrations ponctuelles, à fort impact symbolique, devant les caméras de la télévision.

Ainsi le pouvoir est-il placé, concrètement, devant l'alternative des juges ou de la rue – dont les arbitres suprêmes sont les médias. C'est une nouvelle règle du jeu, dira-t-on, qui est en train de se mettre en place. Une social-démocratie d'un nouveau type, avec, comme acteurs, de nouveaux mouvements sociaux, à défaut de la social-démocratie historique, à l'allemande, qui a perdu ses acteurs traditionnels. On ajoutera qu'il faut, comme à la République, lui laisser du temps. La difficulté, qui rend pareille thèse utopique, est que la violence sociale ne peut être maîtrisée que par l'Etat. Ecartelée entre les groupes et placée sous l'objectif des caméras, la démocratie, directe comme un coup de poing, n'est plus qu'un rapport de forces.

La seconde exigence, pour que l'individu ne soit pas broyé par les associations, serait que son existence sociale soit reconnue indépendamment de son appartenance à un groupe d'intérêts ou à une communauté. Nul ne doit se voir assigner un statut dans la société parce qu'il est musulman, homosexuel ou noir. C'est ne pas être libre que de devoir sa différence non à son mérite, mais à son origine. Or comment éviter pareille dérive, quand les associations civiles, même sans idéologie et reposant sur une adhésion volontaire, sont le seul moyen dont l'individu dispose pour agir sur la société ? Les militants associatifs, en France, ne sont pas le grand nombre. Ces groupes sont peu représentatifs, dispersés et souvent éphémères. Il n'en reste pas moins que, les médias aidant, ce sont eux qui occupent la plus grande partie de l'espace politique. Et qu'il ne se trouve, en face d'eux, guère de voix susceptibles de faire entendre le point de vue, proprement politique, de l'intérêt général. Le pouvoir a beau s'abriter derrière l'autorité de comités d'experts, cela ne lui fait pas une légitimité. Au contraire. Les experts étant, par vocation, étrangers aux intérêts politiques, et posant les problèmes dans les termes des intérêts économiques et sociaux, cela fait à l'Etat, le plus souvent, des raisons supplémentaires de composer avec les revendications corporatistes.

Le résultat est que, chaque association ne trouvant, en face d'elle, qu'une association représentant des intérêts adverses, ces rivalités suscitent, au sein de chaque groupe, une tendance à la radicalisation, une crispation identitaire. Et ce sont, naturellement, les groupes les plus activistes, marqués par la plus forte identité, par les critères d'appartenance les plus aliénants pour leurs membres qui occupent le devant de la scène, entraînant ainsi les groupes plus modérés dans une surenchère qui ne laissera, si aucune résistance ne se lève, bientôt plus rien des libertés les plus élémentaires. Ainsi la France est-elle devenue le champ clos de conflits d'intérêts catégoriels, idéologiques, ethniques, religieux, dont les plus radicaux, incapables par nature de penser l'intérêt général, entendent à la fois faire exception à la règle et faire règle de leur exception : quand l'universel ne peut plus s'imposer au particulier, le particulier s'impose à l'universel.

C'est, pour cette raison, beaucoup sous-estimer le danger du « multiculturalisme » que d'y voir la simple affirmation d'un droit à la différence. Toute culture, même la culture occidentale, tend à devenir totalitaire quand elle cesse de se percevoir comme une grille de lecture du monde et un outil de communication, pour se vouloir l'expression d'une identité. Ce sont alors les catégories sur lesquelles la civilisation a fondé la liberté – séparation de Dieu et de César, distinction du public et du privé, pluralisme de la personne – que chaque revendication identitaire s'emploie à contredire. Quand des associations de handicapés ou de malades du sida font pression pour obtenir plus d'équipements ou de crédits de recherche, leurs moyens sont ceux de la démocratie. Mais quand ces mêmes associations se réclament d'une « culture », leurs exigences changent de nature. Voilà qu'elles prétendent dire la norme, contrôler le discours, inventer de nouvelles façons, nullement plurielles, d'être au monde, de créer et d'aimer. Loin de s'identifier à la tolérance, la *différence* devient la matrice d'un code de comportement, de pensée et de droit qui se pense et se veut répressif. Michel Foucault a consacré, avec raison, l'essentiel de son œuvre à dénoncer le caractère répressif de la norme. Il espérait ainsi construire les bases d'« une nouvelle économie des corps et des plaisirs ». Prévoyait-il que la contestation radicale de la norme, au nom de la non-norme, conduirait à l'ambition symétrique d'informer les cerveaux et les corps ? Le 25 mai 1994, on pouvait lire dans la presse qu'un groupe de médecins, sociologues, psychologues, éducateurs spécialisés, parents d'enfants sourds et militants de la « langue des signes française » (LSF) s'inquiétaient de l'implantation de prothèses auditives, accusées de vouloir guérir le mal au détriment de l'« identité » et de la « culture » sourdes-muettes. On respirait en apprenant d'un audiophonologue que les représentants de l'Association nationale des parents d'enfants sourds (ANPEDA) étaient revenus sur cette position, parce qu'ils avaient été « séduits par la communauté médicale ».

Telle est la logique de l'individualisme tribal : d'un côté, la compétition entre les communautés provoque une escalade de demandes de privilèges, ou de règles nouvelles, en invoquant les arguments les plus frustes de l'individualisme radical : « Pourquoi lui, et pas moi ? », ou, pis encore : « Pourquoi moi, et pas lui ? » D'un autre côté, les groupes les plus radicalisés font valeur de leur différence au point de vouloir ériger celle-ci en norme, et d'en faire grief à une société dont les codes ont cessé d'être perçus comme légitimes.

Contrairement à une opinion un peu trop facilement reçue, ce n'est pas la montée des intégrismes et des extrémismes qui provoque la crise de la citoyenneté. Le problème est bien plus vaste, et beaucoup plus global que le fanatisme de quelques islamistes ou catholiques enragés. C'est la crise de la citoyenneté qui facilite l'essor des intégrismes. C'est le fait qu'il ne soit plus possible de déduire une politique, quelle qu'elle soit, d'un vote majoritaire. Que les décisions dont dépend le sort de la collectivité ne soient plus assignables à un pouvoir politique, mais qu'elles paraissent en permanence négociées, contestées, abrogées. Que l'application de la loi soit placée, en toute circonstance, et contrairement à la tradition juridique française, sous la surveillance d'un droit qui n'est plus seulement celui du contrôle constitutionnel, mais qui est, de plus en plus, le droit de juges promus en ultimes remparts du lien social et d'autant plus sensibles à la pression des groupes. Au siècle dernier, sous la Restauration, Tocqueville comptait sur les associations pour vaincre la « tyrannie de la majorité ». Il ne pouvait prévoir que, cent cinquante ans plus tard, il serait nécessaire d'invoquer la majorité démocratique pour vaincre la tyrannie des minorités.

III

Le chantage identitaire

Tocqueville raisonnait sur le cas américain. Pourquoi faut-il qu'aujourd'hui encore, chaque fois que l'on parle de communautés, de droit ou de « politiquement correct », l'on se réfère à l'Amérique, pour y lire l'avenir de l'Europe ? D'une rive à l'autre de l'Atlantique, les analogies sont évidentes. Mais elles n'ont ni les mêmes causes ni les mêmes conséquences. Les Etats-Unis sont une grande puissance, où le pouvoir a encore une prise sur la société et où la crise de l'Etat-nation est sans commune mesure avec celle que nous traversons. Un choix politique réel entre deux politiques antagonistes, effectué en 1980, a permis d'y résoudre le problème du chômage, au prix d'une pauvreté qui eût été, il est vrai, inacceptable chez nous.

Si quelque chose se brise aujourd'hui, en Amérique, la cause principale en est bien, comme Tocqueville l'avait prévu, la propension d'une majorité silencieuse, protégée par un *apartheid* de fait, à se réfugier dans un individualisme radical, défini par l'auteur de la *Démocratie* comme « un sentiment réfléchi et paisible qui dispose chaque citoyen à s'isoler de la masse de ses semblables et à se retirer à l'écart avec sa famille et ses amis ; de telle sorte que, après s'être ainsi créé une petite société à son usage, il abandonne ainsi la grande société à elle-même ». L'abstentionnisme électoral et la dépolitisation y sont, en effet, la maladie chronique de citoyens repliés dans leur *privacy*, qui se heurtent aujourd'hui à deux problèmes dont la concomitance fait des ravages : d'un côté, la concentration du phénomène de la pauvreté chez les Noirs, qui a aggravé les conflits intercommunautaires ; de l'autre, la dérive d'un système de droit largement contractuel, obsédé, à la différence du système français, par le souci de ne léser aucune minorité, et qui s'emballe, au détriment des libertés, sous la pression de demandes de reconnaissance et de protection de plus en plus folles.

Il est incontestable que le terrorisme juridique, moral et parfois même physique dont use chacun de ces groupes pour faire valoir des droits exorbitants remet sérieusement en cause la charte idéologique grâce à laquelle l'« intérêt bien entendu » de tout Américain, y compris le président de la General Motors, coïncidait avec l'intérêt commun. Et nul doute que cette dérive justifie les inquiétudes exprimées, entre autres, par Allan Bloom, Arthur Schlesinger ou Edward Behr sur les chances de survie de l'Union. Mais là s'arrête la ressemblance avec la crise européenne. La rupture du lien social n'y est point telle que les Américains aient accepté, sous la présidence Clinton, la mise en place d'un Etat providence.

La culture associative, que l'on appelle en France, avec condescendance, le différentialisme américain, est si forte, si ancrée et rodée dans les mœurs qu'on peut imaginer que cette société malade ait conservé, comme au temps de Tocqueville, sa formidable aptitude à « se réparer » : la capacité de mobilisation des citoyens y demeure un réservoir inépuisable d'énergie. Même « l'esprit légiste », que l'auteur de la *Démocratie* admirait – tout en s'inquiétant du pouvoir exorbitant des juges américains –, peut servir d'antidote à la tyrannie de l'opinion. La Cour suprême ne vient-elle pas de remettre en cause, au printemps 1995, les discriminations positives dont bénéficient les Noirs dans certaines universités américaines, au nom de l'égalité devant la loi ? En juin, une ordonnance du gouverneur de Californie abrogeait, pour la même raison, les dispositions dérogatoires destinées à favoriser l'embauche des minorités ethniques et des femmes.

Il faut accepter que la démocratie n'ait pas le même visage selon la culture dans laquelle elle s'implante. Et savoir que, si nous persistons dans l'erreur qui consiste à vouloir copier le modèle du Nouveau Monde, c'est nous, pour le coup, qui basculerons dans le différentialisme, et qui verrons notre société se désintégrer, sans posséder les antidotes dont l'histoire a armé cette immense nation. Bref, si le « politiquement correct » continuait de s'étendre chez nous, il est vraisemblable qu'il entraînerait des conséquences plus graves de ce côté-ci de l'Atlantique que de l'autre.

Or la plupart de ceux qui, chez nous, à gauche et à droite, aperçoivent ce processus de déconstruction croient possible de trouver le remède dans le mal lui-même. Ils parient sur un second souffle du *melting pot* à la française, « au-delà » des prétentions corporatistes et multiculturalistes, sans voir que rien, dans la culture républicaine, n'a préparé la société française à cet « au-delà » ; ils spéculent sur l'apaisement de ce que les sociologues appellent pudiquement les « identités réactives », sans s'inquiéter des dégâts irréversibles provoqués, d'ores et déjà, par ces identités sur l'exercice de nos libertés et dans notre droit. Ce fatalisme s'explique sans doute par la peur d'affronter les revendications des communautés ethniques ou religieuses, et de résister aux demandes de règles émanant des différentes corporations. Mais aussi par une raison plus profonde, qui est la faiblesse historique de la pratique communautaire, et, partant, la marginalité de la réflexion sur le phénomène associatif dans notre pays.

Qui, en France, à partir des Lumières, a réellement tenté de réfléchir à la question, en dehors des traditionalistes et des proudhoniens, qui se sont brièvement rencontrés au début de ce siècle, et rapprochés de façon aussi éphémère dans les années 30, pour forger un vague national-socialisme ? Et encore est-ce un signe certain du flou de cette pensée mixte que l'illusion des fédéralistes de droite, partisans des communautés *organiques* traditionnelles, et des socialistes de gauche, partisans de communautés *organisées*, créées sur une base volontaire, de trouver un terrain sur lequel se réconcilier. La même illusion d'un « au-delà », d'un « dépassement » du nationalisme et du socialisme, capable de réaliser l'unité nationale à partir des mouvements sociaux, et non à partir d'un code juridique s'imposant à tous, se retrouve chez les partisans actuels du multiculturalisme. Si nous n'avons pas de souvenirs, l'exemple de la Bosnie-Herzégovine devrait nous instruire. La montée de l'intolérance et des haines, et l'émergence d'un pouvoir charismatique confisquant à son profit, au détriment du pluralisme, l'aspiration des uns et des autres à une communauté nationale sans conflit, ont été, en ce siècle, le seul résultat concret de cette utopie.

S'il est une chose que l'on puisse dire de notre attitude, à nous autres Français, devant l'émergence des communautés, c'est que nous ne sommes ni avisés ni sérieux. A trois mois de distance, on pouvait lire, dans la presse, le 23 mars 1995, que « la France intègre avec une relative facilité les immigrés et leurs enfants », d'après une étude de l'INED battant en brèche « les préjugés sur l'islam, la polygamie et l'insertion sociale », et, le 27 juin, que « l'intégration des immigrés demeure en butte à de nombreux obstacles », d'après un rapport du Haut Conseil à l'intégration, inquiet « d'une marginalisation persistante des populations étrangères ». La vérité est que c'est la population tout entière qui se marginalise et qui devient de plus en plus difficile à intégrer du Front national à l'islamiste, en s'abandonnant aux poisons et délices du chantage identitaire.

Les experts apprécient les attentes et les déceptions avec des instruments d'autant plus contradictoires qu'ils peuvent seulement mesurer des données quantitatives. Le qualitatif leur échappe. Ont-ils seulement été sensibles à la pression, ouverte et sans précédent, exercée par les corporations et communautés de tous ordres auprès des candidats à l'élection présidentielle ? Représentants des divers cultes, mouvements féministes, associations de retraités, tous ont défilé, avec, à la bouche, la menace d'éliminer les candidats qui ne s'engageraient pas en leur faveur. L'impressionnant, en l'affaire, n'était pas la présentation de doléances. C'était le ton d'exigence. Et la capitulation molle des candidats : la République, sur ce terrain, ne sait plus se défendre.

Mais comment se défendrait-elle, quand les individus s'effacent d'eux-mêmes derrière le mot « communauté », proféré, de tous côtés, comme une valeur en soi, et quand la référence à une « identité » s'impose, dans l'opinion, comme le moyen le plus digne de foi pour légitimer une exigence ? L'Union européenne, de surcroît, est dominée par des nations de vieille culture communautaire, et elle pousse dans ce sens. En février 1995, une convention-cadre « pour la protection des minorités nationales », adoptée deux mois plus tôt par le comité des ministres du Conseil de l'Europe, était ouverte à la signature des Etats membres. Cette convention considère qu'un pays qui ne « développe » pas « l'identité ethnique, culturelle, linguistique et religieuse de toute personne *appartenant* à une minorité nationale » qui le désire n'est pas « pluraliste et véritablement démocratique ». Elle fait théorie, dans son article 4, des discriminations positives nécessaires, selon ses rédacteurs, pour assurer aux minorités « une égalité pleine et effective », par rapport aux « personnes appartenant à la majorité ». Et elle fait obligation aux signataires de s'abstenir « de toute politique ou pratique tendant à une assimilation » des membres de ces minorités « contre leur volonté ». La France n'a pas encore signé. Il est déjà énorme qu'elle y songe. Si notre pays adoptait un pareil texte, sous prétexte qu'on pourrait l'opposer aux pays de l'Est candidats à l'entrée dans l'Union européenne, ce n'en serait pas seulement fini de la laïcité. L'identité l'emporterait sur la citoyenneté. Ce serait prendre un billet pour les Balkans, ou pour le Liban.

Le temps n'est pas éloigné, pourtant, où ceux qui sont sensibles à l'importance du langage comme symptôme des évolutions d'une société s'inquiétaient de la banalisation des mots « communauté », « peuple », « identité » dans notre vocabulaire politique. Quand, le 3 mars 1991, à l'issue de la guerre du Golfe, le chef de l'Etat, François Mitterrand, crut bon de remercier « les communautés musulmane et juive de France qui ont donné l'exemple de la sagesse et du sang-froid », des voix s'élevèrent, notamment chez les intéressés, pour protester contre une terminologie qui réduisait des individus à une appartenance, et qui distinguait, de façon implicite, sur cette base, plusieurs catégories de Français. Quand, la même année, un projet de statut de la Corse prétendit reconnaître, dans son article premier, « le peuple corse », défini comme « communauté historique et culturelle », dotée d'un « droit à la préservation de son identité », ce fut une belle émotion, et le Conseil constitutionnel annula cet article, le 9 mai 1991.

Quand, en revanche, le 16 juillet 1995, à l'occasion du cinquante-troisième anniversaire de la grand rafle du Vel'd'Hiv, Jacques Chirac a rompu avec les silences ambigus de son prédécesseur en reconnaissant « la faute collective » de la France envers les déportés juifs de la guerre, nul, ou presque, n'a regretté que le nouveau président ait parlé, en la circonstance, de « la communauté juive résidant en France ». Une telle expression eût fait horreur à ceux qui avaient été rejetés par Vichy précisément parce qu'ils étaient considérés comme une « communauté » de simples « résidents », et qui ont été sauvés par un grand nombre de Français, non parce qu'ils étaient juifs, mais parce qu'ils étaient des hommes. Si l'on veut être bienveillant, on peut supposer que le chef de l'Etat a voulu désigner, par ce raccourci, à la fois les juifs français et les juifs étrangers victimes du nazisme. Mais, le 10 septembre, Jacques Chirac revenait spontanément au même langage en remerciant la « communauté musulmane » de France pour son calme après la série d'attentats terroristes qui avait marqué la fin de l'été. Les intéressés eux-mêmes, juifs, musulmans, catholiques, protestants, Corses, Bretons, Occitans, femmes, Noirs, homosexuels ou handicapés, reprennent le plus naturellement du monde ce vocabulaire à leur compte, sans comprendre que ce langage aboutit, pour eux, à se nier comme individus et à accepter d'avance de n'être considérés et jugés qu'à travers leur groupe.

Peu nombreux sont ceux qui se sont émus, à propos du même discours du Vel'd'Hiv, que le président ait fait état d'une « faute collective ». Comme s'il n'y avait pas eu de Résistance. Comme si le régime de Vichy avait été fondé à se prévaloir d'une légitimité démocratique. Et comme s'il ne fallait pas distinguer entre ceux qui, au temps de l'occupation allemande, auraient pu empêcher les crimes, et les cheminots qui ont laissé circuler les trains. L'emploi du mot « communauté » allait avec la notion de responsabilité, ou de créance collective. Dix ans avant la déclaration du président français, de l'autre côté du Rhin, Richard von Weizsäcker lui-même, qui a pourtant à assumer un plus lourd héritage, avait eu la sagesse d'écarter cet amalgame typique des logiques communautaires. Le président de la R.F.A. avait souligné, le 8 mai 1985, dans une déclaration qui fait toujours référence dans son pays, que « la responsabilité n'est pas collective, mais personnelle ». Cette revendication d'une des libertés élémentaires de la personne n'avait pas dispensé le chef de l'Etat allemand d'inviter ses compatriotes à assumer les responsabilités historiques du IIIe Reich. Qu'un Allemand ait eu, en la matière, un meilleur réflexe qu'un Français est un peu plus qu'une curiosité.

L'affaire des tchadors est un autre cas « d'école ». Sur ce sujet brûlant, qui touche au cœur de la laïcité, la République résiste encore. Mais si mal ! L'interdiction de tout signe ou de tout acte religieux ostentatoire à l'intérieur des écoles publiques – et des écoles privées sous contrat, depuis l'exemplaire loi Debré de décembre 1959 – a un sens évident et profond : elle signifie que le maître s'adresse, en la personne de l'élève, à l'individu universel qu'il a, seul, le devoir d'instruire et le droit de connaître. Ce n'est pas un rejet du particulier par l'universel. C'est, au contraire, la reconnaissance de sa spécificité, et un signe de respect. Et c'est en revanche le particulier qui, en voulant forcer l'enceinte de l'école, affiche son mépris de l'universel.

Ce principe, qui a forgé des générations d'hommes libres, était-il donc si difficile de l'expliquer, et de s'y tenir fermement ? Mais ceux dont c'était l'honneur et le devoir de le faire ont craint d'être confondus avec les anticléricaux militants et les partisans d'une conception archaïque de l'école unique, désavoués, en 1984, par la rue. En invitant, en 1989, les proviseurs à trancher cas par cas, le Conseil d'Etat a ouvert une trouée irrémédiable. On pariait, non sans quelques bonnes raisons, sur l'abandon progressif de leur voile par des adolescentes peu nombreuses, manipulées par des religieux, et souvent en révolte contre leurs parents. Le même raisonnement a conduit, au même moment, à se reposer sur les associations islamiques pour encadrer les quartiers difficiles : les fondamentalistes se sont engouffrés dans la brèche, avec des slogans et des bombes.

Pour les autres cultes, l'occasion offerte par la faiblesse du pouvoir dans l'affaire des tchadors était trop belle. En 1995, le Conseil d'Etat a été contraint de renouveler sa jurisprudence de 1989, en faveur, cette fois, des juifs pratiquants, désireux d'être exemptés d'école le jour du sabbat. Ainsi chacun entend-il faire de ses convictions particulières la règle de tous. Que toutes les fêtes religieuses soient fériées, pour permettre aux fidèles de les célébrer. Que les enseignements sportifs et les menus de réfectoires soient à la carte, en fonction des prescriptions de chaque culte. Que le prosélytisme religieux soit toléré dans les écoles, parce que de jeunes musulmanes refusent d'enlever leurs voiles. Sans doute faut-il distinguer entre les différents cultes, qui ne font pas preuve de la même combativité. On n'a pas encore vu l'équivalent juif ou catholique des pancartes : « Vive la France musulmane ! » exhibées par les islamistes de Mantes-la-Jolie ou de Goussainville. En réclamant la libre disposition du sabbat, le Consistoire israélite de France avait accepté, d'avance, de s'incliner devant le droit. Ce loyalisme n'a pourtant pas empêché, en mars 1992, un grand rabbin de France, soutenu par un député R.P.R., d'appeler les juifs français à l'abstention, un dimanche d'élections cantonales qui coïncidait avec le premier jour de la Pâque, au scandale d'intellectuels israélites, conscients du fait que l'une des forces du judaïsme est de savoir incliner les droits minoritaires devant le devoir de respecter la loi. En avril 1995, le grand rabbin d'Israël, Meir Lau, a pu dénoncer la conversion de Mgr Lustiger au catholicisme, pendant la guerre, comme une négation du peuple juif comparable à la solution finale, sans que des protestations s'élèvent, dans les organisations juives françaises, contre cette déclaration inacceptable. Comme tous les phénomènes totalitaires, les intégrismes, religieux et politiques, avancent mieux masqués. Ils sont plus forts de la banalisation des thèmes communautaristes et identitaires dont ils se nourrissent que des oppositions qui les obligent à se découvrir.

La diffusion d'un différentialisme ordinaire dans l'ensemble du corps social – et pas seulement au sein du Front national – est, à terme, plus dangereuse pour la sauvegarde de la légitimité démocratique que les manifestations extrêmes. Qu'un amuseur de la télévision ne puisse plus présenter un sketch irrespectueux pour l'Eglise sans inviter des curés sur son plateau est un détail auquel il faut attacher de l'importance. Les provocations fanatiques seraient beaucoup moins fréquentes si leurs auteurs avaient le sentiment de rencontrer, dans l'ensemble de l'opinion, une véritable résistance. Or le fait est que, faute de repères, faute surtout de signaux politiques assez fermes, le mouvement des esprits et des mœurs, secondé par les médias, pousse dans le sens d'une délaïcisation de la société. Les élèves des lycées et collèges, interrogés sur les trottoirs, identifient la laïcité au racisme. Ils ne comprennent pas que l'on fasse tant de complications pour un bout de tissu. Les tribunaux s'affolent. Début avril 1995, à Clermont-Ferrand, des juges administratifs courageux condamnent, contre l'avis du Conseil d'Etat, le port du foulard islamique, considéré comme ostentatoire « en soi ». Un tollé s'ensuit. Une semaine plus tard, des magistrats de Lille, jusqu'alors plus fermes, opinent en sens inverse. En septembre, le tribunal administratif de Nancy va plus loin encore, et condamne l'Etat, contre l'avis du commissaire du gouvernement, à verser cinquante mille francs de réparation aux parents d'une jeune fille exclue d'un collège de Vandœuvre. A cette date, on aura compté, pour l'année scolaire 1994-1995, quarante-quatre exclusions confirmées par les juges, contre trente annulées. Comment, dans ces conditions, les exigences minimales de l'acceptation de la règle et du respect de l'autre seraient-elles assurées ?

La pression communautaire est devenue telle qu'une commission officielle des programmes scolaires a proposé, en 1995, de rétablir l'enseignement des religions à l'école. L'histoire des religions est déjà enseignée en classe de cinquième, ce qui implique un minimum de références à la Bible. Mais, comme on juge dangereux que des enfants découvrent Dieu à travers l'Inquisition, les croisades et les guerres de Religion, et comme on constate que certains ignorent jusqu'à l'existence du Christ, on suggère d'aller plus loin : jusqu'où ? Et n'y aurait-il pas, pour les élèves croyants, une provocation à entendre leurs maîtres leur parler de la Bible comme ils leur racontent la mythologie ? Sans doute est-il trop long et coûteux de rétablir les maîtres dans leur vocation, qui est d'enseigner ce qu'ils savent et ce qu'ils sont plutôt que de remplacer, comme ils le font chaque jour, et pas seulement dans les quartiers difficiles, les parents, les vigiles et les psychiatres. On leur demande maintenant de doubler les aumôniers, en espérant qu'ils seront assez habiles pour apaiser les esprits, comme si l'on éteignait un incendie en parlant du feu. Même sous le régime de Vichy, le ministre de l'Instruction publique, Jérôme Carcopino, fut contraint d'abroger, début 1941, la mesure d'ordre moral qui imposait dans les classes l'enseignement des devoirs envers Dieu. Prise en décembre 1940 par le philosophe catholique Jacques Chevalier, la décision avait tenu un mois.

Il est évident que l'histoire ne peut plus être enseignée comme elle le fut sous la IIIe République. Dans sa célèbre conférence *Qu'est-ce qu'une nation ?*, prononcée à la Sorbonne en 1882, Renan faisait reposer la volonté de vivre ensemble à la fois sur le partage d'une mémoire commune et sur l'oubli des offenses passées. Il s'inquiétait, à ce titre, pour l'unité nationale, que la curiosité excessive des historiens ne réveillât des plaies cicatrisées. L'école républicaine ne l'a, sur ce point, que trop entendu. Il n'est plus concevable que le métier d'historien se subordonne à la mission de fabriquer des petits Français. Ce n'est, de toute façon, plus le cas depuis longtemps. Le mouvement qui, depuis le début du siècle, a équipé la recherche historique des techniques des sciences sociales a plutôt conduit à traquer, dans le discours des historiens, les préjugés d'ordre idéologique et culturel qui faussaient la lecture du passé. Jusque dans les années 70, ce sont plutôt les préventions inverses, d'inspiration marxiste, qui avaient besoin d'être combattues. Le nouveau défi auquel l'histoire se trouve aujourd'hui confrontée est la tentation de répondre aux pressions des groupes qui lui demandent de nourrir leurs revendications par une généalogie. Rien n'est pire que l'impérialisme d'une mémoire commune, si ce n'est le chantage de mémoires éclatées.

Pierre Nora a subtilement montré, dans le dernier tome de ses *Lieux de mémoire*, que l'unité française a jailli de représentations puissamment diviseuses (les rouges et les blancs, la droite et la gauche, les cléricaux et les laïques), dont la République a su faire un seul drapeau ; l'universalisme français s'est érigé sur le socle d'un sentiment national qui a mis longtemps à s'apercevoir de sa singularité. Au moment où cette alchimie perd ses pouvoirs, le danger est que le mouvement s'inverse : que les conflits franco-français s'apaisent, mais au prix de l'unité de la République ; que la singularité se fonde dans une monochromie planétaire, mais au prix de l'aspiration à l'universalité.

Et comment échapper, aujourd'hui, à cette inquiétude ? La crise des relations entretenues par les Français avec leur mémoire se traduit par un paradoxe déconcertant, qui n'était jamais apparu dans une plus vive lumière. D'un côté, la culture nationale s'est pour ainsi dire désengluée des pièges et artifices de l'historiographie républicaine ; en devenant critique, elle a cessé d'être dupe de ses mythes. Mais, simultanément, ces objets, ces *lieux* de mémoire ont acquis une redoutable autonomie. Ils avaient trouvé leur cohérence et leur sens dans un projet collectif universaliste ; livrés à eux-mêmes, ils ont été rendus à un passé individualisé. A la différence de l'Action française de jadis, le Front national peut, par exemple, aujourd'hui, se réclamer à la fois des « racines » et de la démocratie ; des républicains peuvent prôner les valeurs laïques et le particularisme des appartenances communautaires sans avoir le sentiment de se contredire. En juillet 1992, à quelques jours d'intervalle, le chef de l'Etat, M. Mitterrand, annonçait, le 10, qu'il participerait à la commémoration de la rafle du Vel'd'Hiv, et confirmait, le 22, son intention de faire déposer une gerbe, le 11 novembre suivant, sur la tombe du maréchal Pétain, selon un usage qu'il avait lui-même créé en 1987.

Il est faux que l'histoire du régime de Vichy ait été occultée par les historiens, au moins après le départ du général de Gaulle, à partir des années 70. Et faux, contrairement à des campagnes absurdes menées vingt ans plus tard, que les archives de cette période aient été refusées aux historiens sérieux qui souhaitaient les consulter. Il est vrai, en revanche, que des préjugés et des obstacles nouveaux sont nés, depuis peu, de ce que les années noires servent de support à des formes inédites de conflits de pouvoir entre des groupes. Des éclats de mémoire, revendiqués plutôt qu'assumés, tendent ainsi à devenir des enjeux purement fonctionnels, froidement instrumentaux, dans les stratégies communautaires. En l'absence de tout repère, le « populicide » vendéen, l'anticléricalisme, la guerre d'Algérie, l'affaire Touvier, le procès Carrel, voire le Code noir de Louis XIV servent de marqueurs idéologiques d'autant plus intransigeants que, détachés de toute vision du monde cohérente, ils sont instables et arbitraires.

Quand la mémoire d'un peuple perd ses structures, ou bien tout devient mémoire (puisque le passé, sans projet, n'est plus renvoyé qu'à lui-même), ou bien rien ne l'est ; ou tout est blessure, ou tout devient indifférent. L'apaisement, bien réel, de notre vie politique n'a d'égal que la généralisation d'un imaginaire fait de conscience coupable et de ressentiment.

D'où l'urgence, la nécessité absolue d'une remise en ordre, qui ne peut être que l'œuvre d'historiens : écrire l'histoire de France, aujourd'hui, impose non seulement de reconstituer la vérité des faits déformés par la conscience collective, mais de rendre manifeste le travail de cette conscience. Afin qu'après avoir été égarés par notre imaginaire nous ne le soyons pas, plus gravement encore, par ce que nous prenons pour notre raison.

IV

La communauté des femmes

La valorisation *a priori* des revendications féministes, quelles qu'elles soient, est un autre exemple de la faiblesse de la République devant le chantage identitaire. En 1982, une campagne turbulente menée au Parlement par des militantes en faveur de quotas de femmes dans les assemblées fut bloquée sans difficulté par le Conseil constitutionnel, au nom du principe de l'égalité des citoyens devant la loi. Treize ans plus tard, pendant la campagne présidentielle, on apprenait par la presse que les femmes « s'imposaient » dans le débat présidentiel. Les candidats, pour la plupart, notamment MM. Jospin et Balladur, prenaient en compte « le retard de la France dans la représentation d'une moitié de la société au sein des assemblées élues et du gouvernement », et s'engageaient à mettre en œuvre des quotas, en attendant la parité. Pour faire bonne mesure, il était précisé que la parité est « une évolution souhaitée par les jeunes ». Deux communautés à la clef, les femmes et les jeunes, faisaient deux raisons de céder.

La thèse des quotas est portée, chez nous, par le vent de l'histoire. Vingt ans après les Etats-Unis, alors que la Cour suprême commence à remettre en cause ce système, notre pays en découvre les vertus. Les quotas signifient que l'on est investi par un parti, admis à une place ou dans une université, lancé sur un marché, diffusé sur les ondes ou représenté dans les salles non parce que l'on a été jugé meilleur, mais parce que l'on appartient à une communauté qui se considère, à tort ou à raison, comme défavorisée – Noirs, femmes, Corses, artistes demandant pour leurs œuvres une protection contre la concurrence étrangère... Les quotas ne considèrent l'individu qu'en fonction de sa race, de sa religion, de son « peuple » ou de sa corporation. Ils raisonnent en termes d'utilité sociale et de responsabilité collective. Quels que soient les œuvres et le mérite. On ne saurait être plus loin des Lumières.

Les partisans des quotas le savent. Ils n'ignorent pas que ce système est injuste. Mais ils se veulent pragmatiques : la fin, selon eux, justifie ce moyen. Notre République universaliste, rappellent-ils, reposait sur le principe selon lequel tout être humain, *a priori*, en vaut un autre. Cela ne l'a pas empêchée de se trouver quasi dernière, parmi les nations civilisées – quatorze ans après Atatürk, mais vingt-sept, il est vrai, avant la Suisse – pour accorder le droit de vote aux femmes. Pourquoi ? Justement parce que les femmes ne se sont pas organisées en communautés pour se défendre, comme l'a observé une excellente historienne. Plus gravement, dans leur acharnement à s'affirmer les égales des hommes, au nom des principes de la République, les féministes les plus militantes, frottées de marxisme, de Madeleine Pelletier à Simone de Beauvoir, en sont venues à nier leur sexe : « on ne naît pas femme, on le devient ». C'était confondre l'égalité de droit avec l'identité de nature. Et c'était indirectement conforter la thèse machiste de l'infériorité naturelle de la femme par rapport au mâle, puisqu'on désirait tant lui ressembler. Et comment nier que les républicains conservateurs n'ont pas seulement rejeté le vote des femmes par peur du cléricalisme et du fascisme, mais bien parce qu'une féminisation des assemblées eût signifié pour eux une perte de prestige ?

On conçoit que les femmes aient voulu tirer la leçon de ces échecs en proclamant, *a contrario*, leur « différence ». Mme Antoinette Fouque, psychanalyste lacanienne et député européen, proclame aujourd'hui qu'il y a deux sexes et que, sur chacun de ces sexes, il convient de bâtir un droit, une éthique et une science spécifiques – la prétention républicaine du droit, de la morale et du savoir à l'universalité étant, pour les femmes, synonyme de viol et de mort. Les femmes ne doivent pas se penser comme des individus, mais comme une communauté humiliée dans sa nature et dans sa culture par l'impérialisme du phallus ; tant qu'une loi antisexiste n'aura pas condamné le machisme comme la loi Gayssot le fait déjà pour le racisme, les Français seront, en somme, des islamistes qui s'ignorent. Le discours est énorme. Mais il ne fait que pousser à la limite la confusion des ordres qui caractérise la logique communautaire, et qui inspire la revendication des quotas.

Est-il donc si difficile de penser à la fois l'égalité politique des individus devant la loi, quel que soit leur sexe, et leur différence de nature ? Les républicains ont exagéré les conséquences politiques de la différence de nature, et trahi leurs principes, en différant trop longtemps d'accorder aux femmes des droits égaux à ceux des hommes. Les féministes, en niant cette différence de nature, ont affaibli leur propre combat. Mais ni les uns ni les autres n'ont remis en cause les principes universalistes qui leur avaient été enseignés à l'école. En sorte que si l'émancipation des Françaises a été lente, elle s'est opérée du moins sans névrose et de façon beaucoup plus sûre et continue que dans les sociétés de culture communautaire, telles que l'Allemagne ou les Etats-Unis. Mona Ozouf rappelle que, en 1963, 43 % des étudiants français étaient des femmes, contre 32 % en Angleterre et 24 % en Allemagne de l'Ouest. Aux Etats-Unis, les militantes féministes se sont enfermées elles-mêmes dans des ghettos. Les discriminations positives, contrairement au principal argument invoqué par leurs partisans, ne favorisent pas le changement. Elles tuent au contraire le dynamisme d'une société, puisqu'elles créent des situations protégées. Le sexisme à rebours, les quotas et le terrorisme lexical du « politiquement correct », loin de libérer les femmes, ont suscité les conditions qui amènent celles-ci à se trouver plus que jamais frustrées et victimes du sexisme qu'elles ont contribué à banaliser. Une féministe américaine, Susan Faludi, constatait ce retour de bâton dans un essai, *Backlash*, qui lui valut le prix Pulitzer en 1991. On ne joue pas impunément avec les principes sur lesquels reposent les libertés.

C'est le moment que nous choisissons, en France, pour nous inspirer de ce modèle. Or si les mesures susceptibles de corriger l'inégalité des femmes devant le travail et la politique sont encore insuffisantes et doivent être développées ; si des initiatives symboliques, comme l'effectif évangélique de douze femmes appelées au gouvernement en juin 1995, peuvent être utiles pour faire bouger les esprits, il serait grave que des discriminations positives et des quotas achèvent de briser le pacte social en substituant un rapport de forces à un rapport de droit. Au niveau de la représentation nationale, un système de quotas est inconstitutionnel. Au niveau d'un parti ou d'une université – comme la pratique en devient banale –, il est injuste. Dans tous les cas, il est dangereux : le résultat le plus clair en serait de créer un climat favorable à la désobéissance civile des catégories qui, par comparaison, se sentiraient frustrées, et de favoriser l'élaboration en chaîne de statuts particuliers. Enfin, non content d'être inopportun, il est stupide : un homme décidé à faire avancer l'égalité des femmes est plus utile au gouvernement qu'une femme choisie pour sa télégénie. Aucune femme ministre n'a jamais rien gagné à se comporter comme s'il existait une manière « féminine » de faire de la politique. La politique n'a pas de sexe. Ou plutôt elle est à la fois mâle et femelle, père et mère, force et protection, autorité et séduction. Les lois font parfois évoluer les mœurs, dans certaines circonstances favorables, et par l'abrogation plutôt que par la création : la suppression de la peine de mort en est un exemple. Quand les lois violent les mœurs, ces dernières se rebiffent. Croire possible un viol des mentalités est toute l'erreur de la politique des quotas. Savoir l'éviter serait la sagesse de la démocratie.

Mais notre démocratie est-elle encore capable de traduire en actes la sagesse de la réflexion classique ? Existe-t-il encore une possibilité de réunir les conditions politiques optimales susceptibles de servir l'intérêt général ? Il semble que les principaux enjeux de la société française soient désormais ceux dont décident les groupes, et que leur solution soit subordonnée à leur arbitrage. Dans l'affaire des tchadors, l'intervention décisive des femmes illustre cette évolution de manière éclatante. La laïcité, si mal défendue, en la circonstance, contre le mouvement parti d'un collège de Creil, en octobre 1989, aurait été encore plus vulnérable sans l'appui providentiel apporté par les féministes à la République. Si les foulards islamiques n'avaient été *aussi* un symbole d'asservissement de la femme ; si l'Eglise de France, depuis Mgr Lustiger, cardinal-archevêque de Paris, jusqu'à Mgr Gaillot, évêque contestataire d'Evreux, n'avait pas commis l'erreur de prendre position en faveur du voile, en criant aux jeunes filles, comme le secrétaire général de l'enseignement catholique, Mgr Cloupet : « Portez votre tchador ! » ; et si, depuis la révolution iranienne, les femmes en quête d'émancipation dans les pays islamiques, affreusement persécutées, n'avaient pris les sociétés laïques pour modèle, il est probable que la résistance aux tchadors n'aurait pas été « politiquement correcte », et que les défenseurs de la laïcité auraient été diabolisés par les militants de l'antiracisme.

Le fait que les femmes aient vu que les tchadors constituaient une atteinte à l'universalisme a joué un rôle positif incontestable. Mais celles-ci n'ont condamné l'agression que dans la mesure où cette dernière les concernait. Et leur protestation n'a été entendue que parce qu'elle émanait de militantes s'exprimant au nom d'une cause qui était celle des femmes avant d'être celle de la laïcité. De la même façon que les « automnes infirmiers » des années 1988-1992 avaient monopolisé l'attention des médias parce qu'ils avaient été perçus comme une lutte de femmes. La plupart de ces militantes sont, au surplus, favorables aux quotas, sans y voir la moindre contradiction. Certaines, comme la marxiste pakistanaise Taslima Nasreen – brève coqueluche de l'hiver 1994-1995 –, soutenaient, à travers leur croisade contre l'islam, une cause tiers-mondiste qui n'avait que très peu de rapports avec l'universalisme républicain. L'exploitation du féminisme pour rendre la résistance à l'islamisme plus présentable a même atteint au ridicule quand, pour se justifier d'avoir interdit un livre d'un théologien égyptien, Youssouf Qaradhawi, le ministère de l'Intérieur a expliqué qu'il avait voulu s'attaquer aux « discriminations contre les femmes »... En sorte que le problème de fond soulevé par les tchadors n'a pas été abordé, et que le débat nécessaire pour faire comprendre à l'opinion les enjeux de l'idée laïque n'a pas eu lieu.

La communauté, voilà l'ennemi !

Sans doute la raison politique n'est-elle pas la raison tout court. Ce n'est pas une raison pour que les débats nationaux se réduisent à être les sismographes des intérêts particuliers et des passions. Sans doute aussi peut-il arriver, comme dans le cas des tchadors, que les intérêts et les passions coïncident avec l'intérêt général. Mais ces mouvements sont affectifs et éphémères. Ils sont amplifiés par les médias, qui en sont les relais, souvent les accélérateurs, mais non la cause. L'émotion peut, quelquefois, éviter le pire. Elle n'est pas une solution.

V

L'Eglise contre la République

S'il est une force qui maîtrise le jeu politique en France, ce sont les communautés, non les institutions républicaines. La dernière occasion où l'on ait pu le constater, au moment où sont écrites ces lignes, s'est présentée lorsque l'on a vu, le 11 septembre 1995, les chefs de file des quatre principales religions pratiquées en France réunis autour du président de SOS-racisme pour protester de leur désir de se respecter mutuellement, après les attentats islamistes qui venaient de terroriser le pays. Cette réunion se voulait une démonstration de cohésion républicaine. Chaque culte, à entendre chacun de ses dirigeants, se sentait investi de la responsabilité de former des citoyens – comme si les critères de la citoyenneté se décrétaient à Jérusalem, au Caire ou à Rome. Cette forme inattendue d'œcuménisme manifestait en réalité que l'unité de la nation ne dépend plus des responsables de la République, mais de la bonne volonté de ces hommes-là.

Une circonstance nous semble avoir marqué une étape particulièrement importante dans ce processus, parce qu'elle concernait une religion, le catholicisme, dont on pouvait croire qu'elle avait définitivement réglé ses conflits avec la République. Ce fut, en décembre 1993, la campagne qui a réveillé les démons de la guerre scolaire, à propos du texte portant modification de la loi Falloux. Il était tentant de considérer, sur le moment, le projet gouvernemental de soutien à l'enseignement privé comme un faux pas, un accident de parcours. On pouvait même juger les intentions du gouvernement excellentes, meilleures en tout cas que les moyens utilisés. Nous découvrons, avec le recul, que l'erreur était lourde de conséquences, et que l'affaire Falloux a été une étape aussi importante que les tchadors dans le processus inexorable qui fait exploser la nation en une poussière de communautés.

Déjà, en 1984, un million de défenseurs de l'école privée étaient descendus dans la rue pour protester contre le projet Savary créant un service public unifié de l'éducation. Mais les catholiques avaient l'excuse d'avoir été agressés, comme ils l'avaient été par les anticléricaux à l'âge héroïque de la Troisième. Et ils avaient à leurs côtés des libéraux partisans du pluralisme et de la concurrence, qui se déclaraient également hostiles à l'école unique et au multiculturalisme. Dix ans plus tard, l'école confessionnelle pouvait difficilement se considérer comme agressée. C'était elle qui prenait l'initiative. Et elle le faisait avec une ardeur sans précédent depuis le XIXe siècle.

Pour aggraver son cas, les circonstances et les menaces de déstabilisation de la société française ont changé. Chercher à faire progresser l'école confessionnelle exigeait plus de prudence en 1994 qu'en 1984. En sorte que, contrairement à ce que nous avons pensé sur l'instant, il nous paraît heureux, rétrospectivement, que la cause de la laïcité ait gagné la bataille politique. A condition d'ajouter que ce fut une victoire à la Pyrrhus, qui laisse le problème à peu près intact, faute d'armes intellectuelles et d'alliés. Le projet de révision de la loi Falloux, adopté par le Sénat avec une précipitation inhabituelle, autorisait les collectivités locales à dépasser le plafond fixé par un texte remontant à 1850, afin de permettre à ces dernières de contribuer selon les besoins aux dépenses d'équipement, devenues vitales, des établissements privés sous contrat.

L'idée, en soi, n'était pas scandaleuse. Elle pouvait même aider à la réforme d'une institution malade. Si les établissements privés avaient respecté les contraintes de neutralité imposées par la loi Debré et si des clauses particulières, inscrites dans la loi, avaient prévu que ces dépenses d'équipement ne contribueraient pas à un enrichissement personnel des propriétaires de ces écoles, le texte fût allé dans le sens de l'intérêt général. C'était, il est vrai, faire appel au secteur privé pour compenser les défaillances, difficilement avouables, d'un secteur public bloqué par les corporatismes et devenu un gouffre pour le budget de l'Etat. Mais, dans la mesure où l'Etat gardait le contrôle des programmes, des maîtres et des diplômes, et où la contribution publique à l'entretien de patrimoines n'est pas contraire à notre droit lorsqu'elle est justifiée par l'utilité publique ; dans la mesure, aussi, où le Conseil d'Etat veille, en toute hypothèse, à ce que les subventions accordées par les collectivités locales soient conformes à cette utilité publique, le principe de laïcité n'était pas remis en cause. Le « caractère propre » laissé aux écoles n'était, dans ces conditions, qu'une question d'aumônerie. En matière d'éducation, la concurrence entre les établissements d'enseignement bénéficiant d'une réelle autonomie de gestion et assortie d'un système de bourses national ou local ne pouvait avoir que des effets positifs.

Le malheur est que cette loi, rédigée sans précautions, avait été poussée dans la fièvre par des groupes catholiques intransigeants qui, apparemment, ne sont plus minoritaires, et qui sont loin de s'identifier aux seuls intégristes ; au point que rares furent les prélats, comme l'archevêque de Lyon, Mgr Decourtray, qui eurent le courage de s'en démarquer. Comme la loi Debré, en province, est très inégalement appliquée, le danger était évident : les fondamentalistes de tous bords auraient disposé, avec ce texte, de moyens accrus de consolider leurs ghettos, en faisant peser sans vergogne sur des interlocuteurs plus faibles – maires, conseillers généraux et régionaux – leur chantage identitaire. En cédant, sans débat, à une pression communautaire, la majorité de droite de l'époque avait gâché une belle occasion de moderniser notre système éducatif. Mais les élus socialistes, réduits à saisir le Conseil constitutionnel, ont pu mesurer, de leur côté, que le droit, en République, ne peut être, au mieux, qu'un réducteur de crise, et que seule une loi peut réparer les erreurs *politiques* d'une autre loi.

La haute juridiction a tenté de résoudre la difficulté par une décision du 13 janvier 1994 en posant, contre les articles les plus litigieux du texte, un principe nouveau, selon lequel, s'agissant d'une liberté essentielle comme la liberté d'enseignement, les décisions des collectivités territoriales devaient être « les mêmes sur l'ensemble du territoire », et « obéir à des critères objectifs ». Certains juristes se sont inquiétés, à cette occasion, d'un retour du jacobinisme. Mais l'Etat jacobin s'est-il jamais attaché à un autre critère que l'intérêt public, pour accorder des subventions, nécessairement inégales, à des syndicats, des entreprises, des associations ? Le principe d'égalité politique n'a que des rapports indirects avec la notion d'égalité économique. Loin de conforter l'Etat, cette décision le ligotait un peu plus, en obligeant celui-ci à céder de manière égale, et sous la condition vague de « critères objectifs », aux pressions des groupes et des collectivités locales. Le texte révisant la loi Falloux n'était pas contesté dans son inspiration fondamentale. La loi, assurément, change difficilement les mœurs. Mais le droit les suit. Comme le Conseil d'Etat dans ses avis sur les tchadors et le sabbat, le Conseil constitutionnel a fait reculer la laïcité en paraissant la maintenir.

L'intransigeance des pouvoirs sur les critères de séparation entre les Eglises et l'Etat doit être d'autant plus grande que le Vatican a déclenché sur ce terrain, en mars 1995, une offensive d'une rare vigueur, avec l'encyclique *Evangelium vitae* « sur la valeur et l'inviolabilité de la vie humaine ». Combien de responsables politiques, combien d'intellectuels, combien de catholiques modérés se sont-ils aperçu, ou ont-ils fait savoir que ce texte marquait, dans la stratégie de l'Eglise, un tournant capital ? Une fois de plus, ce sont les communautés qui ont fixé les termes du débat en fonction de leurs intérêts propres, et qui en ont escamoté les véritables enjeux. Les mouvements féministes, les associations de défense des malades atteints du sida, les homosexuels et les tiers-mondistes d'un côté, les intégristes et les activistes des « commandos anti-I.V.G. » de l'autre ont placé sous le feu des projecteurs la condamnation par le pape de la contraception, de l'avortement et de l'euthanasie, dont le moins qu'on puisse dire est qu'elle n'est pas nouvelle. On aimerait, certes, un peu plus de charité, ou de réalisme, de la part d'un homme de Dieu. Mais on ne peut feindre de s'étonner que le pape condamne des pratiques que la foi chrétienne réprouve. On ne peut lui reprocher d'avoir une idée intransigeante de son rôle, et de se placer, par la fermeté de ses positions, dans la dialectique des mœurs du temps. Son texte, au surplus, ne s'adresse pas seulement à la France. Signé d'un homme dont la contribution à l'effondrement de l'empire soviétique a inscrit à jamais le nom dans l'Histoire, il est probable qu'il est surtout destiné aux habitants des anciennes démocraties populaires, dont la déchristianisation l'inquiète.

Bref, s'il ne s'agissait que de cela, l'encyclique, qui a la sombre beauté des grands textes réactionnaires, ne mériterait ni excès d'honneur ni indignité. Mais elle va beaucoup plus loin. Elle contient des analyses et des prescriptions qui rompent, ni plus ni moins, avec le contrat passé entre Dieu et César depuis le XVe siècle. Considérée du point de vue français, elle remet en cause le code de coexistence entre l'Eglise et la République élaboré depuis Léon XIII. De la condamnation de notre régression morale, qui mérite attention et respect, elle passe à une critique des fondements de nos démocraties, qui est une parfaite illustration de la prétention du particulier d'imposer ses critères à l'universel – et qui traduit une prétention inacceptable du pouvoir spirituel de peser sur le pouvoir temporel. Deux postulats qui fondent l'*Evangile de la vie* sont, à cet égard, parfaitement clairs.

Le premier est la disqualification de toute conscience morale qui ne se réfère pas au Dieu de la Bible. D'un débat philosophique crucial, développé avec une infinie prudence de saint Thomas d'Aquin à Jean XXIII et de Kant à Nietzsche, Jean-Paul II tire des conclusions extrêmes. Sans la Parole, la démocratie serait vouée au nihilisme totalitaire : « En perdant le sens de Dieu, on perd aussi le sens de l'homme, de sa dignité et de sa vie. » On ne peut « construire sans Dieu la cité terrestre ». L'on est ici aux antipodes de l'éthique républicaine, selon laquelle l'obligation morale repose sur la raison et tend vers l'universel. Et l'on voit mal à quel type de régime ces affirmations pourraient conduire, sinon à une théocratie. Un défenseur de ce texte ne manquera pas de signaler qu'il reconnaît l'existence d'« une loi non écrite que tout homme découvre dans son cœur à la lumière de la raison ». Mais il n'est pas très difficile de découvrir, quelques pages plus loin, que cette loi doit se soumettre à une loi plus haute : « La société a le droit et le devoir de se protéger contre les abus qui peuvent intervenir au nom de la conscience. » On objectera aussi que Jean-Paul II ne prétend pas exercer lui-même un pouvoir temporel. Il n'est pas M. Madani. Mais le programme du F.I.S. affirme, lui aussi, poser les fondations spirituelles de la démocratie, et il ne se réclame pas moins de la tolérance et de la raison.

Le fait que le pape se ferme à ce point à l'esprit laïque tout en se solidarisant avec l'islam ou en s'ouvrant au judaïsme est un signe des orages qui se lèvent sur les sociétés libérales. Les guerres de religion qui, au centre de l'Europe, se déchaînent sur les espaces libérés par les anciens empires dissimulent un autre danger. Les conflits du prochain siècle opposeront peut-être entre elles les grandes religions et leurs aires culturelles respectives, comme le pense Samuel Huntington. Pour l'heure, on est plutôt frappé par la solidarité qui se dessine entre les différentes Eglises contre les Etats qui se passent de Dieu. Et qui sont pourtant les seuls à pouvoir éviter, demain, les guerres de civilisations.

L'autre thèse du pape définit précisément le moyen de cette déstabilisation : l'objection de conscience. « L'avortement et l'euthanasie sont des crimes qu'aucune loi humaine ne peut prétendre légitimer. Des lois de cette nature non seulement ne créent aucune obligation pour la conscience, mais elles entraînent une obligation grave et précise de s'y opposer par l'objection de conscience. » Voici donc que Jean-Paul II invoque à son tour *la force injuste de la loi* – selon une expression, restée fameuse, de François Mitterrand, sans que ce dernier ait mesuré, sans doute, les effets ravageurs d'une telle formule sur l'unité de la République. Les évêques de France ont beaucoup insisté sur le fait que le pape n'avait pas parlé de désobéissance civile. Il n'en reste pas moins qu'en démocratie les citoyens n'ont pas à respecter la loi parce qu'elle est morale, mais parce que c'est la loi. Que la loi Veil ne fait, sauf cas d'urgence, aucune obligation de conscience à un médecin de pratiquer un avortement. Et qu'il n'y a jamais loin de l'objection de conscience à la non-violence, et de la non-violence à la violence tout court. L'objection de conscience d'une infirmière dans son service, ou d'un directeur d'hôpital dans son établissement entravant, du même coup, l'exercice d'une liberté reconnue par la loi, est-elle, concrètement, autre chose qu'un acte de désobéissance civile ? Les intégristes des commandos anti-I.V.G., tels que le bruyant dom Calvet, ne se privent pas de se réclamer des lignes que l'on vient de citer. Le pape, qui voit la montée des violences religieuses aux Etats-Unis, pouvait difficilement ignorer les débordements auxquels son encyclique donne la légitimité d'un devoir sacré.

Revisité à la lumière d'*Evangile de la vie*, le rôle du pape dans le réveil des nationalités qui a suivi 1989 apparaît sous de tout autres couleurs. Parmi ces

Polonais et, à leur suite, ces peuples d'Europe centrale qui ont brisé leurs chaînes après les appels de Gdansk, combien de ceux qui ont écouté le pape se faisaient-ils la même idée que nous de la démocratie ? La crise économique ne suffit pas à expliquer que l'intolérance et l'esprit d'hégémonie se développent là où nous avions espéré assister au triomphe de la liberté et du pluralisme. Et nous aurons d'autant moins de chances d'exporter là-bas notre modèle que nous laisserons nos propres minorités se recommander de ce qui se passe à l'Est pour présenter comme irrésistibles les revendications de « réenracinement » ethniques et religieux. Nous avons, plus que jamais, le devoir de distinguer, dans cette partie du continent, entre les nationalistes intégristes, tel Walesa, et ceux qui, tel le Premier ministre tchèque Klaus, souhaitent faire de leur nation une démocratie laïque et libérale. On ne peut, pour la même raison, traiter à égalité les Croates, qui se réclament, tant bien que mal, du pluralisme démocratique, et les Serbes, qui auront réussi la prouesse de faire entériner la notion criminelle d'épuration ethnique par les plans de paix proposés pour la Bosnie-Herzégovine par l'Occident. La cause de l'Europe ne sera pas seulement gagnée avec les armes de la prospérité. C'est aussi une guerre des idées. Une guerre que les pays libres perdront s'ils se laissent ronger par la lèpre identitaire qui se répand à l'intérieur d'eux-mêmes autant que dans le reste du monde.

Troisième partie

LE MYTHE DE L'EXCLUSION

I

La tentation du populisme

S'il est un slogan « politiquement correct » qui contribue à propager la lèpre identitaire, c'est le thème de l'exclusion. Ce terme, employé à tort et à travers par les responsables politiques, omniprésent dans les médias, n'est pas un diagnostic, c'est un symptôme. Il n'y a pas, en France, d'exclusion. Le chiffre de cinq millions d'exclus, avancé par quelques idéologues, est dramatiquement fantaisiste. On compte, en France, un peu moins d'un million d'allocataires du Revenu minimum d'insertion, dont un quart trouvent accès à un contrat d'insertion. Le chiffre astronomique de cinq millions additionne les chômeurs, les sans-logis, les jeunes délinquants et les immigrés en situation irrégulière. Les problèmes soulevés par chacune de ces catégories sont distincts. Leur concomitance est liée à la crise de l'Etat. Seuls dix pour cent d'entre eux sont réellement désocialisés. Expliquer des situations aussi disparates par l'exclusion, c'est-à-dire par un procès d'intention adressé au reste de la société, n'est pas seulement mélanger tout. C'est aggraver les blocages auxquels on se propose de remédier.

Qu'un pays dans lequel la santé est gratuite, où le chômage est indemnisé, où les licenciements collectifs doivent être accompagnés de plans sociaux rigoureux, où les personnes sans ressources ont droit à un revenu minimum d'insertion, où les communes sont obligées par la loi d'assurer un hébergement à ceux qui n'ont pas de toit, où les immigrés en situation régulière bénéficient, sans discrimination, de la sécurité sociale et des allocations familiales, où la retraite peut se prendre à soixante ans, où les personnes âgées démunies reçoivent une pension, voire sont aidées à demeurer chez elles si elles sont « dépendantes » et où les charges sociales comptent parmi les plus élevées d'Europe – qu'un tel pays fasse de l'exclusion le thème central de ses débats politiques ne peut s'expliquer que par l'hypocrisie ou par l'idéologie. On dénombre en France, d'après la Cour des comptes, près de huit millions d'inactifs qui vivent à la charge de citoyens actifs dont la proportion, dans notre démographie, est appelée à décroître au cours des prochaines années. Le véritable problème est là, et c'est s'interdire de le résoudre que de le poser en termes d'exclusion.

Les mots, en politique, sont rarement neutres. Ils trahissent la réalité autant qu'ils peuvent la servir. « Exclusion » est fort. Aristide fut exclu d'Athènes. Voltaire excluait les sots, qui le lui rendaient bien. Une idée exclut l'autre. Synonyme d'élimination, de radiation, d'incompatibilité ou d'ostracisme, le mot implique d'un côté un juge, de l'autre un condamné ;

d'un côté la vérité, de l'autre l'erreur ; d'un côté un persécuteur, de l'autre un bouc émissaire. Appliqué par amalgame à toutes les personnes en situation de détresse, de délinquance, d'anomie ou d'échec, il fait de celles-ci, sans distinction, des victimes et du reste de la société, des coupables. Comme la notion d'« identité », il favorise les stratégies de chantage consistant à abriter, derrière la présentation d'un droit des conduites de parasitisme social. Il insulte aux détresses véritables. Loin d'apaiser les antagonismes sociaux, il contribue à les exaspérer.

Parler d'« exclusion » à propos de ceux que l'on appelait les « défavorisés » sous Georges Pompidou, et les « nouveaux pauvres » sous le premier septennat de François Mitterrand, c'est se méprendre gravement sur la réalité de la « fracture » sociale. La France n'est pas coupée en deux. Elle n'oppose pas les intégrés aux exclus ; ni, comme le suggèrent certains libéraux, ceux qui travaillent à ceux qui vivent aux crochets des autres. La « société duale » est un mythe. La vérité, nous croyons l'avoir assez montré, est que la France est éclatée en communautés et que, s'il y a exclusion, c'est celle qui frappe les individus dont les difficultés ne peuvent être relayées par aucun groupe et qui n'ont, pour cette raison, à peu près aucune chance de se faire entendre, ou encore celle qui oppose les communautés entre elles. Ce que l'on appelle, abusivement, l'exclusion ne consiste pas dans le rejet d'une partie des Français par tous les autres, mais dans le rejet par les individus de toute autre solidarité que celle du groupe auquel ils appartiennent, face à une administration défaillante, à un

Etat providence débordé rendus irréformables par la surenchère des demandes.

Supposer une partie de la France « exclue » par l'autre, et laisser se multiplier, sur cette base, de nouveaux droits est prendre le risque de fixer hors de la société des hommes et des femmes que nul, en réalité, ne souhaitait laisser à la porte, et leur ôter les moyens, voire le désir d'y entrer. C'est associer dans le même statut de créanciers le malchanceux et le délinquant, le faible et le rebelle, le chômeur de longue durée et l'escroc failli, le jeune diplômé sans emploi et le travailleur au noir. C'est autoriser, du même coup, la fraude et l'imposture. Et c'est faire des « non-exclus » un amalgame tout aussi détestable : combien, parmi ceux-ci, s'abandonnent aux états d'âme d'une situation contradictoire ! D'un côté, ils participent de l'idéologie de l'exclusion, la pitié étant, comme chacun sait, « une juste prévoyance des malheurs où nous pouvons tomber ». Mais, de l'autre, lassés de devoir payer en espèces trébuchantes une faute dans laquelle ils ne se reconnaissent pas, ils sont d'autant moins enclins à accepter la carte forcée de la solidarité qu'ils se sentent eux-mêmes plus précaires, davantage menacés. De part et d'autre, les crispations corporatistes se durcissent. La « haine », qui prend l'exclusion pour prétexte, est loin d'être seulement celle des banlieues. Le mot, par son excès même, réveille des peurs sociales et des ressentiments d'un autre âge, qui font le lit du populisme.

Une tentation, depuis quelques années, guette la France. Chacun connaît son nom : le populisme. Par quel étrange aveuglement ne voit-on pas que le populisme se nourrit du mythe de l'exclusion ? Le problème social ne se pose heureusement plus en France dans les termes du début du XIXe siècle, où la bourgeoisie considérait les pauvres « sans feu ni lieu » comme des gens sans foi ni loi, une « vile multitude » de délinquants structurels, justiciables au mieux de la charité des ordres religieux et des philanthropes ; tandis que les chrétiens sociaux, les premiers socialistes et les bonapartistes, aspirant à « l'extinction du paupérisme », croyaient trouver une réponse, les uns dans le paternalisme, les seconds dans la révolution, les troisièmes dans les chantiers nationaux.

La dramatisation de l'exclusion, loin de rendre compte de notre modernité, renvoie à une vision archaïque de la société, qui est celle du *Germinal* de Zola et du *Blé qui lève* de René Bazin. Elle oppose l'entraide spontanée des sociétés traditionnelles ou du monde ouvrier d'autrefois – celui de l'artisan « sublime » et des bourses du travail – à la déréliction des foules solitaires. Elle exalte, dans une vision angéliste, la cause nécessairement juste du pauvre, et dénonce la culpabilité structurelle du nanti. Elle brandit, contre l'égoïsme du salarié, les mânes de Coluche et l'aura de l'abbé Pierre. Un médiéviste prestigieux, Georges Duby, comparant les peurs de l'an 2000 à celles de l'an 1000, évoque ainsi les solidarités grâce auxquelles, en dépit de pénuries soudaines et atroces, on ne connaissait pas « l'exclusion d'une partie de la société rejetée dans le désespoir ». Les franciscains et les dominicains, qui « étaient eux aussi des S.D.F. », remplissaient une fonction d'aide sociale comparable, selon l'historien, à celle que le Front islamique du salut assume, par exemple, dans l'Algérie d'aujourd'hui, parce que « l'Etat laïque n'arrive pas à [l'] assurer ». Il n'y a rien à redire à cette analyse, si ce n'est que l'Etat algérien n'a de laïque que le nom, et qu'on ne saurait mieux démontrer à quel point la vision du monde qui habite le thème de l'exclusion est antinomique de l'universalisme laïque.

Le concept d'exclusion, apparu pour la première fois en 1974 dans un livre de René Lenoir, *Les Exclus*, qui désignait de ce terme les premiers phénomènes de marginalité sociale, est l'une des manifestations les plus éclatantes de l'idéologie anti-individualiste que l'on tente ici de décrire. Comme toutes les idées totalisantes, il nie la liberté, en rendant les « non-exclus » responsables non seulement de ce qu'ils font, mais surtout de ce qu'ils ne font pas. Comme l'idéologie communautaire, ses jugements moraux gomment la responsabilité individuelle derrière l'incrimination d'une culpabilité collective. La référence à l'exclusion porte en elle une mise en accusation implicite de tout ce qui confère au citoyen une autonomie – la propriété, la vie privée, le salariat, l'argent – non, certes, en les niant, puisque le but visé est de les rendre accessibles aux exclus, mais en les désignant *a priori* comme des privilèges. Son ennemi structurel est le même que celui du bolchevisme et du fascisme : le bourgeois. Le syndicalisme, qui suppose, avec ou sans lutte des classes, une représentation institutionnelle et paritaire des intérêts sociaux face au patronat et au pouvoir politique, est aux antipodes de sa logique. Bref, l'idée d'exclusion entretient la nostalgie d'un âge communautaire, préindustriel, qui est, précisément, le propre du populisme.

Entendons-nous. Les réquisitoires « politiquement corrects » nous font suffisamment horreur pour que nous ne cédions pas, à notre tour, à la rage de purifier le vocabulaire, en diabolisant l'emploi d'un mot. Il est clair que, dans l'esprit de la plupart des responsables des partis institutionnels de droite et de gauche, qui se sont engagés dans la lutte contre l'exclusion, il n'entre pas l'ombre d'une arrière-pensée populiste, au contraire. Réciproquement, le Front national, beaucoup plus proche du populisme, récuse l'emploi du mot sans en rejeter l'idée, puisque, selon lui, les seuls véritables exclus sont les Français de souche – et plus particulièrement, ses membres, largement éliminés de la représentation politique par le système majoritaire, du moins jusqu'aux catastrophiques élections municipales de 1995. Mais ce sont les phénomènes d'imprégnation et de diffusion idéologique qui nous intéressent ici. Et si ceux qui reprennent à leur compte le procès de l'exclusion cherchent, pour la plupart, à prévenir la menace, bien réelle, d'une dérive de type populiste il n'en reste pas moins que l'exploitation politique de ce thème incite à des comportements populistes ceux qui sont légitimés par ce discours, de surcroît dominant, à se considérer comme exclus.

La notion de populisme a été, depuis peu d'années, l'occasion de polémiques qui l'ont considérablement obscurcie. On l'a utilisée, à des fins de diabolisation, à la fois contre MM. Berlusconi, Eltsine, Jirinovski,

Goldsmith, Ross Perrot, Tapie, Le Pen, Philippe de Villiers et Jacques Chirac, comme s'il était possible de mettre tous ces noms dans le même sac. Cet usage indifférencié et manichéen du soupçon de « populisme » a été favorisé par le fait que ce terme n'a jamais fait, à notre connaissance, l'objet d'un effort de définition rigoureux de la part des historiens ni des sociologues. Pris comme synonyme de démagogie, « populisme » apparaît moins doctrinal que « fascisme » et plus sociologique que « nationalisme ». Il permet ainsi de sous-entendre, par amalgame, l'un et l'autre. C'est une première explication de son étrange fortune.

La qualification de « populisme » présente en outre l'intérêt d'être internationale. Le 31 mars 1994, avant les élections européennes du 12 juin, le mot, relancé par M. Fabius dans un article retentissant publié par *Le Monde*, tombait à point pour désigner l'objet politique non identifié, le vaste ensemble flou produit par l'irruption de leaders d'un type nouveau, portés par les médias, aussi bien à l'Est qu'en Europe centrale et dans les vieilles démocraties. Le recours à ce terme dispensait d'analyser plus avant le phénomène, tout en se donnant le luxe d'une interprétation planétaire.

Réduit à une acception aussi superficielle, la notion, appliquée à nos démocraties, n'explique pas grand-chose. A moins que l'on n'admette que les citoyens des pays développés ont renoncé à leur esprit critique pour devenir subitement sensibles aux manipulateurs de foules et aux illuminés. M. Tapie n'est pas M. Jirinovski. Cela dit, il faut se méfier du vocabulaire polémique : il lui arrive de toucher à une certaine vérité ; ses mensonges déforment, le plus souvent, un fond bien réel. Son flou est le bougé d'une image précise.

Or l'histoire du populisme suggère, bel et bien, que celui-ci existe. Il recouvre une sensibilité et une sociologie spécifiques ; il a des caractères propres, une évolution propre, qui le distinguent du fascisme et du nationalisme – même s'il en croise, parfois, le chemin. C'est, pour le dire d'une phrase, un fascisme à rebours, qui récuse, comme ce dernier, l'individualisme libéral et le progrès, mais qui, au lieu de s'appuyer sur les classes moyennes, prend celles-ci pour cible – au risque, par réaction, de faire le lit du fascisme.

Pour prendre l'exacte mesure du phénomène, il n'est pas inutile de savoir que tous les mouvements historiques qui se sont appelés populistes ont pris leur origine dans des courants agrariens. Tous ont été des protestations contre le progrès technique et contre la modernité, même quand ils prétendaient en être les artisans. Les *narodniki* russes des générations de 1840-1860, un Herzen, un Lavrov, un Tchernichevski rêvaient de faire concurrence à l'Occident. Mais ils se voulaient révolutionnaires, et le réformisme leur faisait horreur. Ils considéraient le communisme agraire, profondément ancré dans les mœurs russes, comme le modèle du communisme moderne. Leur but était de recréer les solidarités organiques des communautés naturelles au sein de la société libre et égalitaire à laquelle ils aspiraient. L'échec fut cuisant. Vaincus par la réalité d'une paysannerie russe accrochée à sa religion et à ses traditions, certains se replièrent sur le conservatisme. D'autres s'orientèrent vers un marxisme plus orthodoxe ; plutôt que de s'appuyer sur la bourgeoisie naissante, ils transférèrent sur les minorités ouvrières, en se réclamant du peuple, avec Plekhanov puis Lénine, leurs espérances de Grand Soir déçues par le peuple. Le bolchevisme en est sorti. Ce fut le malheur de la Russie.

Les *Grangers* américains, vers 1870, et le *People's party*, en 1890, défendaient – en s'affirmant, eux aussi, révolutionnaires – les intérêts des ruraux de l'Ouest et du Sud, lésés par les banques et les chemins de fer de l'Est. Leur programme était à la fois égalitaire, dirigiste et corporatiste ; il dénonçait – déjà ! – la monnaie forte et l'« argent rare ». En dépit de leurs efforts pour reprendre à leur compte les revendications ouvrières, les populistes américains n'ont jamais pu se rapprocher des syndicats. Combattants d'un monde révolu, ils ont été balayés par le système bipartisan qui s'est imposé aux Etats-Unis et en Angleterre, tout au long du XIXe siècle, comme le grand régulateur démocratique des tensions du *melting pot.* La défaite, en 1896, à cinq cent mille voix près, du candidat démocrate Bryan, qui avait repris à son compte le thème agrarien du bimétallisme (traduisons : de l'argent facile), a durablement éliminé le populisme du paysage politique américain. Jusqu'à la candidature spectaculaire, retirée au dernier moment, lors de l'élection présidentielle de 1992, du milliardaire corporatiste Ross Perrot, à propos duquel on a parlé, avec à-propos, de « rosspéronisme », ce fut la chance des Etats-Unis.

L'Amérique latine n'a pas eu ce bonheur. Ses expériences populistes, mises en œuvre par des leaders charismatiques – Vargas dans les années trente et Peron après la guerre – reposaient sur une idéologie corporatiste, qui récusait à la fois la droite et la gauche, et qui prétendait assurer le progrès économique et social avec l'appui de la masse des paysans misérables émigrés vers les villes après 1918. S'il est vrai que Vargas a partiellement gagné son pari avant 1945, ce fut, en Argentine comme au Brésil, au prix du maintien des structures patriarcales les plus archaïques, du contrôle clientéliste des « exclus » des villes et des campagnes par un réseau de « caciques », et du détournement des ressentiments populaires vers l'extérieur, opportunément incarné par l'impérialisme américain.

Par les constantes qu'il met en évidence en dépit de l'extrême diversité des sociétés concernées, ce bref rappel des manifestations du populisme hors de France aide à comprendre ce qui, en France, distingue radicalement ce phénomène des mouvements qui se réclament de l'étiquette populaire. « Populiste » se situe du côté des terroirs, de la petite patrie, des communautés, de la tradition, sinon toujours de la religion. « Populiste » doit à ses origines rurales de se vouloir « peuple » ou, parfois même, aristocrate, mais, dans tous les cas, radicalement antibourgeois. S'il est socialiste, il est plus proche du socialisme utopique de Proudhon que de la conception marxiste de la lutte des classes. S'il est nationaliste, c'est un nationalisme xénophobe, non de conquête mais de rétraction, avec ses poussées racistes. S'il est chrétien, il est plus proche du christianisme social que du catholicisme libéral. L'individualisme universaliste et la civilisation matérielle des classes moyennes lui font horreur. Son idéal est le métier, la vie frugale, l'authenticité. L'ascension sociale lui importe moins que la protection d'un mode de vie, la sauvegarde d'un environnement. L'égalité le concerne moins que la justice – songeons au « justicialisme » de Peron –, ou, comme on dit aujourd'hui, l'équité. Le populiste n'adhère pas à un parti, il *s'identifie* à un chef. Il répugne aux médiations. Et comme de surcroît il est, par essence, corporatiste et hostile à l'Etat, sa pente le conduit à une dictature qui achète la paix civile en généralisant l'assistance de type clientéliste, paternaliste ou caritatif. « Populiste » est du populaire en régression.

« Populaire », au contraire, est, à l'origine, ouvrier, démocrate socialiste ou, pour partie, démocrate-chrétien, et pense réforme ou révolution ; « populaire » implique la lutte des classes, mais aspire au mode de vie bourgeois : comme l'ont vu tous les marxistes réformistes, il porte en lui une aspiration à l'ascension sociale qui lui fait préférer, en dernier ressort, l'organisation sociale-démocrate à la révolution. « Populaire » se veut international, mais se représente le peuple et le pouvoir sur le modèle de l'Etat-nation : son mode d'action politique est l'*adhésion* à un parti, ou à un leader. Son régulateur institutionnel est la représentation. Sa conception de la solidarité repose sur le modèle individualiste de l'Etat providence et sur le syndicalisme – à l'exception des partis « populaires » catholiques, qui ont gardé de la branche chrétienne sociale, plus proche du populisme, dont ils sont en partie issus, un attachement aux solutions paternalistes et caritatives. Son modérateur sociologique est l'accession aux conditions de vie des classes moyennes. Quand il lui arrive, dans une situation de crise, de passer de l'adhésion à l'*identification* à un homme, il glisse sur la pente totalitaire. « Populaire » incarne les grandeurs et les dérives du progressisme.

La distinction entre les deux notions est si vraie qu'elle se retrouve jusque dans le style. En France, les écoles littéraires populaire et populiste, nées l'une et l'autre à gauche, ne se sont pas combattues entre les deux guerres par hasard. Les écrivains « populaires », depuis les poètes-ouvriers de 1848 jusqu'aux « ingénieurs des âmes » jdanovistes, ont rarement fait autre chose que décalquer l'idée du beau des grands écrivains « bourgeois » qui avaient fixé l'archétype progressiste auquel ils s'identifiaient : Ronsard et André Chénier, sous la Deuxième République, dans les colonnes de *L'Atelier* ; Hugo et Zola, avec un siècle de retard, dans la prose de MM. André Stil et Roger Garaudy, voire chez le Louis Aragon des mauvais jours. Moyennant quoi, note Roland Barthes, le conformisme esthétique des écrivains « populaires » supporte la comparaison avec le langage des précieuses ridicules de Molière.

La veine populiste, apparue au début des années trente (de Henry Poulaille, André Thérive, Eugène

Dabit et Louis Guilloux à Léo Ferré et Arletty) aspirait, elle, à reproduire de façon immédiate et transparente le « vrai » et le « vécu » de la France profonde, considérés comme les expressions spontanées du bien et du beau. Poulaille a poursuivi sans difficulté ses inventaires des Noëls anciens et des chansons de toile sous l'ordre moral de Vichy. L'inspiration antibourgeoise de la littérature populiste se retrouve aussi bien chez des auteurs de *best-sellers* qui ne répugnent pas à la particule, tels Gérard de Villiers ou Guy des Cars. Cette dualité fondamentale se retrouve intacte dans le discours des leaders politiques. M. Le Pen, qui se veut populaire, affectionne la langue classique, volontiers archaïsante et l'invective à la Veuillot. M. Tapie, qui se veut populiste, tend un miroir à sa clientèle d'exclus en cultivant la gouaille faubourienne et le langage direct. Il n'est pas jusqu'au Vendéen Philippe de Villiers qui ne pratique, à sa manière, un populisme aristocratique, en transposant la gouaille en insolence.

En somme, « populaire » se pense à l'intérieur de la démocratie et tend à se confondre avec les classes moyennes. « Populiste » se veut au-dehors. Le mythe mobilisateur du premier est l'intégration. Celui du second, l'exclusion.

II

Le sabordage des classes moyennes

On en a assez dit pour que la vraie nature de la crise qui ébranle la société française apparaisse en pleine clarté : ce n'est pas l'exclusion, c'est l'effondrement des classes moyennes, non salariées – artisans, commerçants, petits entrepreneurs –, mais aussi des ouvriers spécialisés, employés et cadres, situés dans un rapport de revenu de un à trois ou quatre, qui représentent la grande masse des salariés. Celles-ci n'ont pas seulement été sacrifiées, elles se sont sabordées, avec le concours de leurs élites, en se laissant imputer, par frilosité et par peur, la faute d'une exclusion imaginaire. Coupables, mais pas responsables. Plutôt courber la tête que de renoncer à assumer les réformes. La politique ultra-conservatrice d'assistance généralisée mise en œuvre pour traiter le problème de « l'exclusion » n'aurait évidemment pas été possible si les classes moyennes n'y avaient, en majorité, consenti. L'Etat providence ne connaîtrait pas une telle faillite si sa crise n'était, d'abord, une faillite idéologique.

On entend fréquemment dire que les syndicats de salariés et de patrons auraient passé une sorte d'accord tacite pour préserver le niveau de revenu de ceux qui avaient un emploi, au détriment des surnuméraires de l'activité économique, réduits au chômage et devenus, pour le coup, des « exclus ». Selon cette vulgate, les chômeurs seraient sacrifiés d'autant plus aisément qu'ils n'ont pas, par définition, de représentants pour les défendre. Le chômage, affirme-t-on, n'aurait pas été traité comme un problème, mais comme une solution. Ce pont aux ânes des experts fait un peu grincer des dents, quand on se souvient que les plus autorisés d'entre eux, et pas seulement les plus libéraux, avaient fait campagne, en 1986, contre l'autorisation administrative de licenciement, alors âprement défendue par les syndicats. On ne voit guère, par ailleurs, d'intérêt social de quelque importance qui ne trouve les moyens de se faire représenter. Si les chômeurs ont tant tardé à se faire entendre, n'est-ce pas que « l'exclusion », dûment indemnisée, a été une solution pour une partie importante des « exclus » eux-mêmes ? On s'avise aujourd'hui qu'il aurait fallu transférer les charges sociales des emplois non qualifiés sur la Contribution sociale généralisée, pour favoriser l'embauche des salariés les moins qualifiés. Il semble que l'on s'aperçoive que l'augmentation d'impôt qui en résulterait serait insupportable, et que tout ce que l'on peut faire, au mieux, est d'aider les entreprises à produire moins cher pour devenir plus compétitives sur le marché international. On croyait avoir échappé, par le volontarisme, à la contrainte extérieure : on retrouve cette dernière au bout du chemin, avec autant d'« exclus » que devant. La vérité est que toutes les catégories de la société française, sans exception, ont laissé l'Etat prendre en charge une politique d'assistance dont tout le monde, à commencer par les classes moyennes, fait les frais.

Les experts qui invoquent la nécessité d'alourdir encore la machine de l'Etat providence et de partager le travail sont-ils jamais allés dans un supermarché ? Ont-ils jamais vu les « consommateurs » passer devant les comptoirs, une calculatrice électronique à la main ? Bien malin qui saurait discerner, dans ce défilé, le chômeur et le « smicard » de l'artisan ou de l'employé : un tiers environ des cadres ont en France un salaire inférieur à ce que gagnent un quart des ouvriers. Peut-on croire sérieusement que la guerre des prix acharnée que se livrent les grandes surfaces, les industries automobiles et les fabricants de produits électroménagers soit seulement le résultat des changements de « stratégie » de l'acheteur, devenu plus « intelligent », et des progrès de la « matière grise » dans les circuits de distribution, comme le prétend le théoricien séduisant de la « troisième vague », Alvin Töffler ? Le raisonnement par l'« exclusion » n'aboutit qu'à aggraver les ressentiments des Français moyens et fossiliser davantage, s'il se peut, le conservatisme des syndicats.

Les classes moyennes ne sont sans doute pas frappées d'une paupérisation comparable à celle qui a engendré le fascisme et le nazisme. Si le salaire baisse en valeur relative, le niveau de vie des salariés et des chômeurs indemnisés n'a pas atteint l'insupportable. On sait bien que, mesurés en termes économiques globaux, nos vingt-deux ans de crise, depuis 1973, ne se sont pas traduits par une récession, mais seulement par un fort ralentissement de l'expansion. Il n'en reste pas moins que les Français moyens sont atteints d'une peur, d'un réflexe d'épargne et de tentations de repli corporatiste suffisants pour favoriser aujourd'hui l'essor du populisme. En 1976, un petit livre de M. Giscard d'Estaing, *Démocratie française*, publié sous sa présidence, avait parié sur l'extension d'un « grand groupe central », pour pronostiquer une homogénéisation et une « décrispation » de notre vie politique. Nous avons récolté, à la place de ces brillantes anticipations, la fragmentation et l'angoisse. Et cela, justement, parce que les experts qui avaient observé ce processus se sont, pour la plupart, mépris sur le sens qu'il convenait de lui donner : ils n'ont cessé d'inciter les responsables politiques à tourner le dos aux moyens qui avaient permis à l'Etat républicain de conjurer le péril.

Trois facteurs d'intégration avaient permis à la République de contenir les pulsions populistes, particulièrement vigoureuses dans un pays marqué par la force de ses structures rurales : l'institutionnalisation du débat droite-gauche, la consolidation des classes moyennes et l'Etat providence.

Le premier pilier de l'intégration, le clivage droite-gauche, a obligé chaque camp à maîtriser ses tendances extrêmes. Cela ne s'est pas fait sans malentendus. Des radicaux, des populistes et des ouvriers se sont trouvés ensemble, en 1886, aux origines du boulangisme. Il a suffi pourtant que les monarchistes, l'année suivante, s'en mêlent pour que la défense républicaine fonctionne et isole les populistes. A droite, les monarchistes – orléanistes et même traditionalistes – ont été ainsi récupérés en majorité par le système après l'échec de Boulanger, et, plus encore, après le ralliement des catholiques sous l'impulsion de Léon XIII. Ils n'ont pas renoncé, pour autant, à leur rêve de restauration, comme leur attitude sous le régime de Vichy l'a prouvé ; mais le besoin de trouver des alliés au centre les a dissociés de la droite nationaliste, appuyée sur une base sociologique majoritairement populiste, qui s'est trouvée fort heureusement « exclue » du jeu parlementaire. A gauche, les socialistes, intégrés à la légalité républicaine à la suite de l'affaire Dreyfus, et même les communistes, ralliés devant la montée du fascisme, n'ont pas davantage abdiqué toute aspiration révolutionnaire. La nécessité symétrique de faire bloc avec l'ensemble de la gauche s'est progressivement imposée à eux. Ils ont appris, à l'école de la République, à fuir comme la peste ce que Léon Blum appelait, au congrès de Tours, en décembre 1920, « les masses inorganiques », et les « bandes qui courent derrière tous les chevaux ».

Le deuxième pilier de l'intégration était constitué par les classes moyennes. Avec un instinct tenace, les bourgeois républicains ont désamorcé les tensions antimodernistes, particulièrement vives dans un vieux pays rural, en récupérant à leur profit l'idéal de la petite propriété et en hissant les « petits », grâce à l'école, à la fonction publique et à l'armée, jusqu'au niveau de l'idéal-type qu'Edouard Herriot a nommé le « Français moyen ». L'impôt sur le revenu, qui comportait une dimension redistributive, a été rendu tolérable à ce prix. Bien entendu, ce processus d'intégration par les classes moyennes n'est pas allé, lui non plus, sans erreurs ni conflits. La promotion des « couches nouvelles » s'est accomplie sans prendre en compte les réalités de la lutte des classes et la misère des catégories ouvrières : les grèves de 1907, brutalement écrasées par Clemenceau, ont vu se soulever à la fois les syndicalistes « populaires » de Draveil et les viticulteurs « populistes » du Languedoc. Mais le fonctionnement régulier de l'« ascenseur social » a réussi à dissocier les populaires des populistes, situés en majorité à droite.

Le troisième pilier de l'intégration, l'Etat providence, a été tardivement imposé, au lendemain de la Seconde Guerre mondiale, par la montée du salariat, que les républicains, attachés à la petite entreprise et à la petite propriété, n'avaient pas prévue. Mais la spécificité de la solution française en la matière s'est dessinée dès la fin du XIXe siècle. L'historien Serge Berstein a mis en évidence le rôle d'un livre, *Solidarité*, de Léon Bourgeois, qui, pour avoir été rapidement oublié après sa publication en 1896, n'en constitue pas moins un de ces jalons qui fixent un état d'esprit à travers une doctrine. La doctrine, contractuelle, donc individualiste, reprenait la notion rousseauiste de réciprocité entre le citoyen et la société, en l'étendant aux relations entre les générations. L'état d'esprit, nous le trouvons, au même moment, dans un livre du juriste de l'individualisation de la peine, René Saleilles, sur *Les Accidents du travail et la responsabilité civile* (1897), signalé par Pierre Rosanvallon. Nous le trouvons, surtout, dans les débats parlementaires qui ont entouré le vote de la loi de 1898 sur les accidents du travail, dont la philosophie est beaucoup moins connue.

Le raisonnement qui a présidé à l'élaboration de ce texte fondateur n'a rien perdu de sa force. Le principe de base était la responsabilité. Cela posé, le législateur était obligé de convenir qu'un chantier moderne comporte des risques qui ne peuvent engager la seule responsabilité du travailleur blessé. Même si ce dernier a commis une erreur, cette erreur ne peut être assimilée à une faute : il est rare qu'on fasse exprès de se couper la main. D'où l'idée d'une solidarité nécessaire, qui ne pouvait être couverte, alors, que par l'employeur. Pour que la charge de ce dernier fût supportable, on l'invitait à s'assurer auprès d'une mutuelle. Le coût de l'assurance étant proportionnel au nombre d'accidents survenus sur le chantier, l'employeur avait intérêt à faire le maximum, dans son entreprise, pour en limiter le nombre. En d'autres termes, ce que la notion de responsabilité personnelle perdait du fait de la solidarité, elle le retrouvait à travers l'assurance. L'indemnisation et la sécurité du travailleur étaient garanties, sans que la société eût à fixer des normes, à exiger des contreparties et à intervenir autrement que par le contrôle.

Il est d'usage, depuis les années 80, chez les spécialistes des problèmes sociaux, de regretter que le système français de sécurité sociale qui a été mis en place après la Libération n'ait pas su choisir entre le modèle allemand de l'assurance et le modèle anglais de la solidarité. Eh bien ! il nous semble que si notre protection sociale avait su rester fidèle à la logique de *la solidarité par l'assurance*, dont la loi de 1898 propose l'archétype, l'Etat providence ne serait pas aujourd'hui en faillite.

Ces trois piliers de l'intégration étaient fragiles. Au lieu de les renforcer, ce qui eût été le véritable progrès, on a laissé s'effondrer, depuis une vingtaine d'années, les fondations sur lesquelles ils reposaient : la bipolarisation, la promotion sociale, la responsabilité. La bipolarisation était une pièce maîtresse de la machine à intégrer. Elle a été sacrifiée à la surestimation des contraintes et à la peur du coût de véritables alternances. La droite et la gauche ne se différencient plus que sur les marges, même dans les domaines de la sécurité et de l'immigration. Les vrais clivages, à les entendre, ne seraient plus qu'entre les anciens et les modernes, les républicains et les démocrates, ou encore ceux qui sont « dedans » et ceux qui sont « dehors ». Du coup, la contestation « hors système » des « exclus » est devenue majoritaire, et de plus en plus difficile à maîtriser.

La promotion sociale a été, elle aussi, escamotée, afin d'éviter les conflits qui lui sont inhérents, au point que ceux qui émergent du lot doivent aujourd'hui s'excuser. A l'école, au nom de l'égalité des chances, on a tiré un trait sur la sélection, la désectorisation et les classes d'excellence. Et encore la notion d'égalité des chances est-elle dépassée, au bénéfice des « discriminations positives ». Moyennant quoi, seules les strates supérieures s'en sortent, en se ruant vers les écoles privées. Dans l'entreprise et la fonction publique, l'écart moyen, de un à six, entre les salaires – inférieur au coefficient sept revendiqué en 1978 par le Parti communiste comme une révolution – est compensé par des primes plus ou moins occultes et par des avantages en nature dont l'énormité provoque des revendications de « transparence » enragées.

Ce ne sont pas là seulement des pièces de l'ascenseur social qui se sont grippées. C'est toute la machine qui s'est arrêtée. Le soutien de l'Etat à la propriété, à l'entreprise ne peut contribuer à la création de richesses et à la constitution de nouvelles élites que s'il s'accompagne d'une mise en jeu proportionnelle de la responsabilité des personnes. Mieux vaut, pour cette raison, supprimer des entraves que prodiguer des subventions. Mieux vaut ouvrir une autoroute, ou mettre en place des équipements collectifs, que de fausser le jeu de la concurrence, à grand renfort d'aides publiques. L'efficacité le recommande. La justice aussi : l'exemple américain a suffisamment montré, dans le domaine scolaire, que l'égalité des chances ne peut être fabriquée par la création artificielle de statuts particuliers.

Or la logique de l'exclusion se situe à l'inverse de la conception républicaine de la responsabilité : elle prône l'assistance. Il en faut : la solidarité l'exige. Ce n'est pas une raison pour en faire le principe d'organisation de toute la société. Le résultat de cette philosophie de la subvention, de la discrimination positive et des prêts bonifiés est que l'accession à la propriété et le soutien à la création d'entreprises, au lieu de servir à la promotion individuelle des « couches nouvelles », sont devenus des calmants pour apaiser, inégalement, les tensions, secteur par secteur, et des outils de collectivisation cachée. Dans le domaine du logement, l'administration aura réussi, par ce moyen, à multiplier les ghettos sur le territoire. Les revenus intermédiaires, qui ont plus difficilement accès au centre des villes, supportent d'autant plus mal la promiscuité avec des assistés auprès desquels ils se sentent devenir des exilés de l'intérieur.

La même conception de la liberté fléchée a servi à penser le problème de l'aide à la création d'entreprises. Depuis trente ans, au moins, qu'on en parle, on est effaré par la pusillanimité des mesures d'allègement des charges, de simplification administrative et d'incitation à la mobilité, nécessaires pour ne pas dissuader ceux qui désirent sortir du salariat et entreprendre. Si on décidait d'alléger les charges, il fallait le faire également pour tout le monde. On a cru faire plus juste en créant des situations inégales. Faute de mettre en concurrence les vocations, on a multiplié les entreprises mort-nées : pour une augmentation d'environ vingt pour cent de la création annuelle d'entreprises depuis 1990, le nombre de disparitions a doublé par rapport à la décennie précédente. La moitié dépose son bilan au bout de quatre ans. Quant aux subventions, il n'était pas nécessaire d'être un économiste transcendant pour prévoir le destin de l'aberrante indemnité de 5 000 francs, inspirée du modèle danois, mise en place sous le gouvernement de M. Balladur pour favoriser le renouvellement du parc automobile français. Le coup de pouce donné aux ventes des petits véhicules a donné le change, l'espace d'une saison. L'expiration de cette mesure a semé la panique parmi les dirigeants de ce secteur – pour la plupart anciens hauts fonctionnaires – qui se sont réveillés avec une mentalité de subventionnés. A l'automne 1995, pour leur très grande joie, une nouvelle prime a succédé à la « balladurette ». L'exonération fiscale et la subvention ne sont jamais une bonne solution, puisqu'elles pèsent sur les contribuables. Du moins sont-elles acceptables, quand elles créent de la richesse et encouragent une innovation. Au lieu d'être utilisé pour libérer, l'argent public est employé à encadrer les initiatives, avec la quasi-certitude de les stériliser.

La protection sociale a suivi le même chemin. Non seulement l'énorme machine mise en place depuis 1945 a réduit l'assurance à une fiction, en étendant progressivement l'assiette à la nation tout entière – en sorte que l'assuré ne voit plus le rapport entre son comportement et le montant de sa cotisation, et que la fiscalisation du système ne ferait de différence que pour les syndicats. Non seulement la charge écrasante de ce budget sert de justification à des mesures de contrôle des comportements de plus en plus contraignantes – normes de sécurité, lutte contre le tabac, l'automobile et l'alcool, surveillance des prescriptions médicales –, élaborées par des comptables. Mais la Sécurité sociale, débordée par le développement de charges nouvelles – chômage de longue durée, coût croissant des retraites, risques technologiques, etc. –, a été contrainte de passer de la fiction de l'assurance à la redistribution. En se réclamant de l'argument massue de l'exclusion.

On comprend que les contraintes nouvelles aient conduit, par besoin d'argent, à déplafonner, dès 1984, l'assurance maladie, puis les cotisations pour les accidents du travail et les allocations familiales. On admet volontiers que la solution libérale, *stricto sensu*, qui consisterait à fiscaliser la solidarité et à permettre à ceux qui le peuvent de contracter une assurance privée, ait été écartée : ce serait, pour le coup, contrevenir au principe de réciprocité et s'engager sur la pente de l'exclusion. Il fallait bien que ceux qui ont les moyens de payer cotisent davantage pour ceux qui ne le peuvent plus. On conçoit aussi que les petits risques ne puissent plus être assumés par le régime général, et que cependant les situations de détresse bénéficient d'exonérations particulières. Que, de même, l'allocation de logement et l'allocation de rentrée scolaire, par exemple, soient imputées sur le budget de l'Etat et versées aux seuls défavorisés, rien de plus normal. Qu'un minimum vital soit garanti aux plus démunis ; que, dans un pays riche, des moyens d'hébergement décents leur soient assurés est d'élémentaire humanité. Mais ce n'est pas du tout ainsi que les choses se passent. L'idéologie de l'exclusion suppose que, pour réinclure les exclus, on crée des statuts particuliers, et que l'on fasse subir au reste de la société des discriminations négatives.

D'un côté, avec le Revenu minimum d'insertion (RMI),créé en 1988, on a ressuscité l'utopie ruineuse du droit au travail, invoquée non seulement contre les employeurs, mais, à travers la notion malthusienne de « partage du travail », contre les salariés eux-mêmes. Dans le même mouvement, le droit, élémentaire, à l'hébergement s'est métamorphosé en droit au logement, c'est-à-dire à un domicile fixe, absent du préambule de 1946, posé en termes vagues par la loi Besson du 31 mai 1990, « visant à la mise en œuvre du droit au logement » au titre d'un « devoir de solidarité », et reconnu le 15 septembre 1995 comme « un objectif de valeur constitutionnelle » par la cour d'appel de Paris – aux termes d'un jugement qui, compte tenu du manque de locaux disponibles et de l'insuffisance des ressources des S.D.F., ne pourra manquer d'être opposé aux propriétaires. Au point que le cumul du revenu minimum d'insertion, des aides sociales et de l'exonération de la taxe d'habitation favorise un couple d'« exclus » avec deux enfants, au détriment du « smicard » père de famille dans la même situation. On ne saurait mieux s'y prendre pour encourager le parasitisme social.

D'un autre côté, toute idéologie suivant sa pente, on a ajouté à l'inégalité, justifiée, des citoyens devant l'impôt ou la cotisation une inégalité beaucoup moins acceptable devant l'indemnisation : s'il est normal que les primes d'assurance varient selon la nature du contrat et selon le comportement de l'assuré, le remboursement par une assurance du prix d'une voiture accidentée n'est pas subordonné à des conditions de ressources, que l'on sache. Or c'est vers des solutions de ce type que les projets de réforme de la Sécurité sociale s'orientent. Ce qui implique de sortir de la logique de l'assurance et de transférer un nombre croissant de dépenses sur le budget de l'Etat. Au prix d'une triple erreur. La première, totalement contraire à la tradition républicaine, est de créer des statuts différenciés pour faire des économies. Voilà qui annonce de belles empoignades entre les catégories d'intérêts, sur la définition des seuils de revenu au-delà desquels certaines prestations, comme les allocations familiales, seront diminuées ou ne seront plus versées.

La deuxième erreur, dont la Contribution sociale généralisée (C.S.G.), créée en 1990, donne un avant-goût, est que la fiscalisation aggravera le principal effet pervers du système actuel, la déresponsabilisation des bénéficiaires de la protection sociale, qui sont mis hors d'état de saisir le lien entre leur comportement et la charge collective – sinon à travers le vote, symbolique, du budget. Les parlementaires les plus ardents à souhaiter le retrait de l'Etat ne sont pas arrivés à lui faire faire des économies. Croit-on que, pour réduire la C.S.G., ils seraient plus efficaces ? Les adeptes de la réduction des coûts par les normes, par l'inégalité devant l'indemnisation et par un contrôle social à la scandinave sur les assurés et les médecins trouveront là, avec le concours diligent des experts, un prétexte en or pour s'en donner à cœur joie. Puisque aucune incitation du type de celles qui existent dans l'assurance privée ne permet à l'individu de régler sa conduite en fonction de son contrat, l'Etat se fera un devoir de définir lui-même, pour notre bien, un nombre croissant de conduites optimales.

La troisième erreur, de plus en plus répandue, consiste à faire de la politique sociale un outil de la politique économique, au lieu de chercher dans le progrès économique la solution des problèmes sociaux. On ne « crée » pas des emplois. Le slogan de « l'entreprise citoyenne », entre autres erreurs, commet celle-là. Les entreprises ne sont pas un service public. Leur rôle n'est pas, ne peut être d'assumer des emplois inutiles et de « partager » le travail. A moins qu'on ne veuille ressusciter les comités d'organisation de Vichy. Les libéraux espéraient naïvement, dans les années quatre-vingt, que le seul fait de privatiser le secteur public industriel et bancaire suffirait à libérer notre économie. Ce sont en fait, comme l'a montré Alain Cotta, les entreprises privées qui s'enlisent dans les mentalités et les pratiques de l'administration. S'il devait se confirmer, dans quelques mois, que les pressions exercées sur les entreprises pour que celles-ci emploient des chômeurs non qualifiés, en contrepartie de la réduction des charges sociales sur les bas salaires qui leur a été accordée, s'exercent au détriment de l'embauche de travailleurs qualifiés, il sera tard pour regretter d'avoir lâché la proie pour l'ombre et dilapidé des fonds publics au détriment de notre valeur ajoutée.

La réforme de la Sécurité sociale selon nous la plus juste aurait consisté à responsabiliser un système aveugle, en renouant avec le principe de la *solidarité par l'assurance*, inspiré de la loi de 1898. Les caisses de la Sécurité sociale, gérées par les syndicats, sont des structures vides, mais elles existent. Il faudrait leur donner un contenu, en les dotant d'une véritable autonomie, en les laissant négocier elles-mêmes leur budget avec les différents acteurs de la politique de santé. Et les mettre, enfin, en concurrence, en permettant aux assurés d'adhérer à la caisse de leur choix. La réduction du coût des charges sociales qui s'ensuivrait – sans diminuer pour autant les sommes consacrées à la solidarité – permettrait d'élargir et de différencier les critères des assurances complémentaires. Les assurés seraient libres de faire couvrir ce complément auprès d'une compagnie privée ou d'une mutuelle, sans avoir le sentiment que ce surcoût soit une charge indue. La pression normalisatrice de la société diminuerait, puisque chacun aurait la possibilité de choisir son contrat, de façon plus souple, en fonction de ses risques. Le principe de l'égalité de tous devant l'indemnisation serait, de la sorte, garanti, ce qui est essentiel non parce que c'est une garantie, mais parce que c'est un principe reconnu, depuis 1898, dans un monde où la liberté coûte cher, comme la condition même de la solidarité. La liberté du choix du médecin, qui fait une des supériorités du système français, serait sauvegardée : un carnet de santé confidentiel, détenu par l'assuré, et présenté au praticien, éviterait les abus involontaires de prescription. Cette solution, qui gagne du terrain, et pas seulement chez les libéraux, serait la plus conforme à l'esprit du modèle républicain, qui récuse les statuts particuliers et qui fait reposer la cohésion sociale sur la libre adhésion de l'individu.

Pour l'heure, nous en sommes loin. Et les classes moyennes sont celles qui payent à la crise le tribut le plus lourd. Depuis 1980, les salaires du bas et du haut de l'échelle ont régulièrement augmenté. La hausse des taux d'intérêt a favorisé le capital, dont le produit est moins taxé que les autres ressources. Les catégories intermédiaires sont, avec les ouvriers non qualifiés, les seules dont le niveau de vie ait baissé. Et ce sont elles qui supportent la plus grande part de l'impôt sur le revenu. Pour la première fois depuis la grande crise économique de 1929, elles sont en régression. Quand il aurait fallu leur rendre confiance et donner le goût de l'initiative et du risque à ce formidable vivier de l'intégration et de la dynamique sociales, l'idéologie de l'exclusion aura tout fait pour le tarir et pour développer du même pas, en son sein, l'esprit de dépendance et le ressentiment.

III

L'escalade des ressentiments

Le ressentiment est rarement de bon conseil. Il devient le diable quand il s'accompagne de la peur du conflit. Les classes moyennes, tous les sociologues le savent, n'ont jamais formé une catégorie homogène, et leur unification, telle que M. Giscard d'Estaing avait cru l'entrevoir, n'est pas souhaitable. La diversité des mentalités, la pluralité des statuts sont une richesse, une source de rivalités constructives. A l'époque, un mouvement séculaire n'en tendait pas moins à rapprocher, sur le plan des modes de vie, l'ouvrier du cadre, le salarié du petit patron, l'employé du secteur privé du fonctionnaire, dont l'emploi est plus stable, mais moins bien rémunéré. Il a fallu, depuis la fin des « trente glorieuses », la montée des tentations de repli communautaire et la politique de l'exclusion que l'on vient de décrire pour que cette diversité devienne un accélérateur de frustrations relatives.

Il nous paraît inexact de dire, comme l'a proposé récemment le démographe Emmanuel Todd – par ailleurs le mieux avisé de la gravité de ces enjeux –, que ces classes se soient divisées en deux camps, la bourgeoisie de M. Balladur, d'un côté, et les couches populaires de M. Chirac, de l'autre. L'aggravation du sort des ouvriers non qualifiés, atteints doublement par la diminution de leurs salaires et par le chômage, est un problème social majeur. Mais c'est une « fracture » parmi d'autres. C'est la face visible d'un problème politique beaucoup plus vaste, le processus qui, parti des classes moyennes, a fait exploser la nation en une pluralité de groupes dont, à des degrés d'intensité variables, *mais selon une courbe continue*, la psychologie est la même : déception et dépolitisation. Le repli sur les « acquis sociaux » et la diffusion du mythe de l'exclusion à l'intérieur de chacun de ces groupes sont les deux faces d'un même processus, qui prend sa source dans la crise de l'Etat républicain. Quand les devoirs paraissent de moins en moins justifiés par des contreparties, il ne reste plus de place que pour des revendications de droits. Chacun se compare au voisin. Chacun se juge l'exclu de l'autre. Les mains, de tous côtés, se tendent vers le pouvoir avec d'autant plus d'exigence que celui-ci est plus affaibli. De proche en proche, la surenchère des demandes de protection se durcit à mesure que l'on descend l'échelle sociale et ruine la société.

Au lieu, donc, de prendre les classes moyennes pour cible, une politique responsable aurait consisté à éviter que celles-ci ne deviennent, du pivot de l'intégration qu'elles avaient été, le foyer de la déstabilisation. En augmentant les charges de ces catégories, on n'a laissé décoller que les membres des strates supérieures qui étaient déjà sur une piste d'envol et que l'on montre du doigt au lieu de chercher à les suivre. De leur côté, les élites ont manqué d'autant plus du courage nécessaire pour réformer le système qu'elles en bénéficiaient. C'est ainsi que le sens des responsabilités continue de se dégrader, en même temps que l'inégalité des chances s'aggrave. L'impossibilité de satisfaire les aspirations, même symboliques, à la « distinction » incline une proportion croissante des couches intermédiaires à s'opposer à la petite frange des élites, en n'hésitant plus, au besoin, à voter populiste.

S'il est un problème central de la société française, c'est là qu'il se situe. Quand les classes moyennes ne croient plus à la promotion sociale, qui, parmi les plus défavorisés, pourrait avoir encore la naïveté d'y croire ? En 1953, le leader populiste Pierre Poujade, parti, trois ans plus tôt, de la défense des viticulteurs, des boutiquiers et des artisans, avait cherché à conquérir les classes moyennes en créant l'U.D.C.A. : les salariés avaient refusé de le suivre, et cette initiative l'avait perdu. Il a fallu la guerre d'Algérie pour que les droites populaire et populiste se rejoignent, et peut-être leurs forces associées auraient-elles abattu le régime, si de Gaulle n'y avait fait obstacle en ralliant à son képi la plus grande partie de la droite républicaine. La même coalition est en train de se réaliser sous nos yeux. Depuis 1984, le Front national n'a cessé de gagner du terrain, avec une régularité implacable. En 1995, M. Le Pen, avec près de quinze pour cent des voix, ne progressait, personnellement, que peu par rapport à l'élection présidentielle de 1988, mais son parti opéra une percée décisive aux élections municipales. En conquérant trois villes de plus de vingt mille habitants, Toulon, Marignane et Orange, sans compter le cas ambigu de Nice, dont le maire élu a changé d'étiquette pour gagner les voix des notables, le Front national entrait ainsi dans l'« Etablissement » détesté.

Le ralliement d'un nombre accru d'ouvriers et d'employés, anciens électeurs du P.S. et du P.C.F., à l'électorat du Front national ne signifie pas que les strates les plus modestes des classes moyennes s'opposent à ces dernières, puisqu'il existe déjà une assise de petits bourgeois au sein du parti d'extrême droite, mais que les classes moyennes ne croient plus en l'avenir. Un économiste de talent, Jean-Paul Fitoussi, a rappelé avec raison que l'élévation exagérée des taux d'intérêt dans notre pays est le symptôme d'une société incapable de se projeter dans le futur. Aussi bien d'autres courants, venus des couches intermédiaires, du boutiquier au professeur d'université, votent-ils pour le Vendéen Philippe de Villiers, censeur austère de l'Europe et des Lumières, ou pour les écologistes, qui n'ont que les apparences du progressisme, ou encore pour M. Tapie, dont l'image de repreneur d'entreprises à la dérive, lui-même plusieurs fois failli, attire surtout la sympathie des électeurs qui se considèrent, à son exemple, comme des boucs émissaires et des vaincus. D'autres – moins de dix pour cent – promènent leurs bulletins de gauche à droite et de droite à gauche, non pas comme on fait son marché, ou comme un papillon se promène entre le réséda et la rose, mais comme on transgresse un tabou. D'autres enfin se « populisent », à l'intérieur des formations traditionnelles : c'est évident dans les rangs militants du R.P.R. Mais croit-on qu'il y a quinze ans le P.S. eût fait preuve d'une complaisance comparable à celle qu'il a manifestée en 1994, lorsqu'il a dû constater que M. Mitterrand assumait son passé nationaliste sans remords ? Le renforcement des partis contestataires s'accompagne d'une réaction radicale des modérés eux-mêmes. Une telle conjonction des replis identitaires populistes, des frustrations populaires et des déceptions des classes moyennes n'a pas de précédent depuis la fin de la IVe République.

Pour l'instant, dira-t-on, personne ne bouge. On ne voit pas que se dessine un nouveau Treize mai. La sagesse des citoyens contourne admirablement les conflits : témoin le « profil bas » adopté, jusqu'ici, par les nouveaux maires du Front national. Au point qu'on peut se demander si les accès de fièvre communautaire et la dramatisation du phénomène de l'exclusion ne sont pas, simplement, ce que les politologues américains appellent *an issue.* L'exagération des tensions autour d'un problème, en concentrant l'attention sur ce dernier, oblige la société à le résoudre. Nous serions donc confrontés aux difficultés inévitables d'une phase de transition. Et ce serait une erreur de renoncer aux espérances qu'il y a lieu de fonder sur « l'invention démocratique » d'un nouveau pluralisme, de nouvelles prises de responsabilité locales, de nouveaux rapports de droit.

Pour notre part, nous ne prétendons pas lire l'avenir dans le marc de café. Un changement de République, au demeurant, ne nous paraît guère souhaitable. Nous nous bornons à constater que la montée des ressentiments, associée à l'escamotage des conflits, ne crée pas les conditions favorables à l'émergence de véritables *issues*. Les crises provoquées par l'émiettement de la société française détournent l'opinion des problèmes de fond, qu'elles aggravent au lieu de les résoudre. En fait de pluralisme, de décentralisation, de nouveaux rapports de droit, nous voyons surtout émerger les particularismes, le clientélisme féodal, la perte de crédit de la loi. Le sabordage des classes moyennes, la résurgence des préjugés faisant du « bourgeois » un bouc émissaire et l'appel généralisé à l'assistance, y compris chez certains grands patrons, sont autant de facteurs qui précipitent, dans ce pays, une crise, depuis longtemps structurelle, du civisme et de la responsabilité. L'hypothèse que cette crise soit transitoire ne nous console pas, quand nous voyons, jour après jour, une idéologie sournoise restreindre nos marges de liberté.

Il faut être attentif aux comportements. Les rapports de civilité et les formes de la sensibilité parlent autant d'une société que les résultats électoraux, les statistiques démographiques et les indices de l'économie. S'il est un résultat de l'*issue* de l'exclusion, ce n'est assurément pas d'avoir fait progresser la tolérance et l'idée que les individus se font les uns des autres. Mais plutôt d'avoir contribué à développer un climat passionnel de haine qui tend à rejeter toute réussite, toute singularité comme insupportables ; et d'avoir, du même pas, desséché les cœurs au point que certaines solutions rationnelles au problème de l'exclusion en arrivent à réinventer l'esclavage.

IV

La haine ou l'esclavage

Parler de haine, dans la France de 1995, n'est pas excessif : on dénombre aujourd'hui deux fois plus de partisans de la peine de mort qu'en 1960. La haine se répand sur notre corps social comme une brûlure. Par degrés.

Le premier degré en est le miroir, et non le masque. Il exploite la haine supposée d'autrui. Ses acteurs sont les délinquants ordinaires – petits trafiquants de drogue et voleurs – sortis des bas-fonds pour se mélanger à la foule des misérables, dans les lieux publics et dans les rues. Le spectacle évoque la stratégie du poisson dans l'eau. Il rappelle une très vieille mémoire, celle des temps de rareté où, de l'*Odyssée* aux *Mystères de Paris*, la criminalité se dissimulait sous l'habit du mendiant. Mais les petits truands ne se cachent même plus. Il n'est pas difficile de distinguer, dans le métro, le loubard en quête de mauvais coup ou le « skinhead » tatoué d'une croix gammée du « sans domicile fixe » qui vend son journal à la criée, en le tendant à bout de bras, tel un drapeau blanc, comme s'il voulait faire savoir que ce n'est pas un couteau. Le but des voyous du nouveau type n'est pas, en effet, de passer inaperçus, mais, au contraire, de se montrer. De jeter leur « exclusion » à la face du bourgeois. De travailler sa mauvaise conscience en jouant de la confusion morale entre la pauvreté et la délinquance. De lui faire honte de séparer, comme au temps d'Adolphe Thiers, le « bon » pauvre du « mauvais » mendiant.

Abondamment utilisé contre les gouvernements de droite depuis 1986, ce chantage à la haine est apparu en pleine lumière quand, en juillet 1995, les maires de gauche d'un certain nombre de villes touristiques, dont La Rochelle et Pau, ont pris des arrêtés contre des « mendiants » passés, avec chiens, chaînes de motos et bouteilles, de la main tendue à l'intimidation. Ce fut aussitôt l'émotion. Les belles âmes reconnurent le spectre du délit de mendicité, qui avait été aboli en 1994 par le nouveau Code pénal. Des journalistes du *Point* qui eurent la curiosité de se rendre sur place constatèrent que les mairies en cause s'étaient toutes dotées de moyens d'hébergement suffisants pour accueillir ces hôtes saisonniers ; et que seuls les voyous se trouvaient, concrètement, visés. Le libellé des arrêtés était, il est vrai, ambigu : mais pouvait-il distinguer entre les « bons » et les « mauvais » S.D.F. sans être accusé d'instaurer, de surcroît, un délit de faciès ? Pris en tenailles entre le chantage des populistes du Front national, qui réclamaient des mesures d'exclusion, le chantage des voyous, qui le mettaient au défi de les exclure, et le chantage de ses amis de gauche, qui l'accusaient d'exclure les mendiants, le maire républicain de La Rochelle, M. Crépeau, a choisi, cet été-là, de partir, sur les traces de Renan, se recueillir sur l'Acropole. On imagine que si la même décision avait été prise par un maire de droite, ses opposants ne lui auraient pas laissé ce loisir.

Le deuxième degré de la haine soulève des problèmes encore plus complexes, parce que ce n'est pas seulement un défi, c'est un appel. Cette haine est celle qui a donné, en 1995, son titre à un film. Haine des lycées et des banlieues à forte densité d'immigrés, où les couteaux jouent à faire peur, où l'insulte provoque le visiteur imprudent, où les rodéos tonitruants cherchent le riverain troublé dans son sommeil – de la même façon qu'un enfant teste ses parents pour voir jusqu'où il peut aller trop loin. Que cette forme de délinquance gagne des préadolescents de plus en plus jeunes n'est pas pour surprendre. La télévision ne fait rien pour la contenir. Mais elle n'en est pas, comme le pense Karl Popper, le premier moteur. Des sociologues ont observé que les « casseurs » se gardent de voler des produits de première nécessité et manifestent une prédilection pour les vitrines élégantes et les blousons coûteux. On se doute que ce n'est pas, comme on l'a écrit, parce qu'ils s'embourgeoisent : ces larcins seront revendus. Mais il y entre, surtout, de l'iconoclasme. Et l'iconoclasme signifie que l'on accorde une valeur à ce qu'on détruit. Rien là qui ressemble aux incendies de châteaux allumés par les Croquants. Pas plus que le vandalisme ces actes n'ont pour but de dénoncer « l'insolence de la société de consommation » – selon l'hypothèse d'un récent rapport sur l'exclusion rédigé par des fonctionnaires du Plan. Ce sont des poussées de rage visant à provoquer le bourgeois. Un radical de gauche américain, Richard Sennett, a décelé les premières traces de cette stratégie antibourgeoise dans les grandes grèves de 1890, à Chicago. Le psychanalyste Gérard Mendel en a fait le diagnostic, dans *La Révolte contre le père*, à propos des mouvements de mai 1968. Les chanteurs « raps » qui hoquettent sur les ondes des appels à égorger les « poulets », destinés surtout à faire s'étrangler le bourgeois, n'utilisent pas un autre ressort. Les surréalistes en faisaient davantage, et l'on veut bien y reconnaître de « l'art », si « l'art » crée des emplois et ne sollicite pas de subventions.

Cette forme de « haine », dans les familles, est aussi vieille que le monde. Son remède est d'une simplicité biblique, sinon évangélique : elle se résout par la fessée. De Gaulle put encore s'offrir ce luxe le 30 mai 1968. Depuis, l'anarchie de l'immigration, la carence des familles, le blocage institutionnel du système éducatif et l'absence de débouchés ont induit, pour la société, des difficultés proportionnelles au nombre des provocateurs. La tâche ne peut s'inscrire que dans la durée. Elle requiert un dosage d'indulgence et de répression qui repose en grande partie sur les éducateurs, la police et les juges. Mais, si lourde que soit l'entreprise, elle est vouée à l'échec si ceux qu'elle s'efforce de réintégrer dans la société ne trouvent pas ce qu'ils cherchent : l'autorité. Et si les actions mises en œuvre ne prennent pas pour objet celui qu'il s'agit de réintégrer : l'individu.

Le malheur de l'idéologie de l'exclusion est qu'elle conduit pratiquement à faire l'inverse. Toutes les solutions retenues jusqu'à ce jour, au lieu de chercher à former des hommes, se sont inspirées du modèle communautaire, organique, *inclusif*. Plutôt que de chercher à éveiller en chacun la conscience de sa responsabilité, qui passe par l'éducation et par la sanction, on a emprunté les voies de l'« animation » et de la « prévention ». Plutôt que d'inciter les gamins à *respecter* leurs maîtres d'école, leurs moniteurs de stages professionnels et, à travers eux, la loi, on a cru habile d'exploiter les ressorts affectifs qui sont au principe des solidarités communautaires. On pousse ceux-ci à *s'identifier* en groupes à des petits chefs, promus animateurs, et à se ressourcer dans leurs appartenances, ethniques ou religieuses, pour ne pas se couper de leurs « racines ». On devrait s'adresser à leur raison. On préfère les *sensibiliser* par des campagnes de communication qui les invitent à *aimer* le travail ou la justice. On est surpris, ensuite, qu'à la première déception ces relations affectives se transforment en haine.

La plupart des juges qui ont à connaître de leurs délits, incapables de leur donner, à titre personnel, l'intelligence critique qu'ils demandent, les assomment en bloc de leur sévérité ou de leur amour collectifs. Les uns sanctionnent à tour de bras et provoquent, en retour, des comportements de repli communautaire autour de boucs émissaires. Les autres, les plus nombreux, estiment que la violence n'est plus dans le crime, mais dans la prison. Ils privilégient les peines « d'intérêt général », sur la foi des psychosociologues qui leur expliquent que l'origine de la délinquance juvénile est un « sentiment d'exclusion » ; sans voir que ces peines, consistant le plus souvent à faire réparer par les jeunes vandales les conséquences de leurs déprédations, confortent le sentiment qui est au fond de tous les communautarismes – et qui n'est pas par hasard de lointaine tradition en Allemagne – : la réparation, dans la logique communautaire, n'est pas due à la société abstraite ; ce n'est pas le manquement au droit qui constitue la faute, mais seulement le préjudice causé ; le mal et le bien sont l'envers et l'endroit d'une même nature ; tous les hommes sont égaux devant le péché originel, les mérites et les peines s'équilibrent, et le lien social ne repose pas sur la mise en jeu de la responsabilité individuelle, mais sur la place que chaque organe occupe à l'intérieur du groupe.

C'est ainsi que l'on encourage les phénomènes de bande là où il faudrait apprendre à des jeunes à s'arracher aux critères de génération, de race, de religion, de quartier et de tribu, pour se penser comme des individus singuliers et, partant, comme des citoyens.

La troisième forme de haine est de loin la plus dangereuse, parce qu'elle légitime toutes les autres : c'est la haine de soi, qui est le trait distinctif du bourgeois. Cette haine de soi remonte loin. Jusqu'au XVIIIe siècle, des *Satires* de Mathurin Régnier jusqu'au *Turcaret* de Le Sage en passant par *Le Bourgeois gentil-*

homme de Molière, ce complexe s'est traduit par un sentiment d'infériorité par rapport à l'aristocratie. Après les Lumières, le bourgeois, porteur de la révolution universaliste du sujet, s'est senti humilié par le prosaïsme des moyens matériels qui ont fait de lui un acteur déterminant de l'histoire. Sa souffrance, si lucidement décrite, de l'extérieur, par Chateaubriand, Balzac et Tocqueville, est de savoir qu'il ne sera jamais aussi proche du peuple que l'aristocrate l'avait été sous l'Ancien Régime. De là sa propension, particulièrement névrotique en période de crise, à renier son credo individualiste en idéalisant les communautés organiques et les sociabilités naturelles qu'il a contribué à subvertir. Deux historiens, Raoul Girardet et François Furet, ont décrit par quels cheminements cette haine de soi a conduit aussi bien au fascisme qu'au léninisme. Pour l'heure, elle est l'auxiliaire zélée du populisme.

La condamnation de l'individualisme, chargé de tous les maux, la critique de l'égoïsme capitaliste et du matérialisme bourgeois, l'anathème contre l'argent et les plaisirs en sont les manifestations les plus constantes. Nous avons rencontré celles-ci au cœur du phénomène communautaire. Nous les retrouvons au cœur de l'idéologie de l'exclusion. Elles n'émanent pas de réactionnaires dressés contre l'esprit du temps ; elles ne traduisent pas davantage la protestation des classes opprimées contre les classes dominantes. Elles imprègnent la totalité des représentations du social. Elles sont présentes dans les médias, dans les décisions politiques et les textes de loi et jusque dans la vie quotidienne, dans les paroles, les attitudes, les non-dits qui régissent les rapports entre les citoyens. La singularité de cette « pensée » est qu'elle est conçue, mise en forme, diffusée et traduite en actes, du sommet à la base, par des élites que dévore la crainte de ne pas paraître suffisamment trahir l'idée de l'homme qu'elles représentent. La précédente manifestation de cette grande peur des bien-pensants avait été la complaisance envers tout ce qui se réclamait du marxisme. L'exclusion a pris la relève, avec usure. Le marxisme, en dépit des opiums qui l'obnubilaient, était une doctrine constituée, faisant appel à l'intelligence et que l'on pouvait combattre par la raison. L'idéologie dont nous suivons la progression consiste dans une mélange d'économisme froid et de moralisme sentimental qui n'aurait pas été dépaysé sous le règne du Maréchal. Les discours des hommes politiques, les rapports administratifs, les essais et romans à la mode, la télévision, la presse – où êtes vous, François Mauriac et Raymond Aron ? – reproduisent à l'infini des certitudes qui ne se distinguent, ni par la forme ni par le fond, de celles dont Kléber Haedens écrivait en 1941 : « Une nuée d'aphorismes gâteux prend un envol puissant et serein. »

A en croire certains intellectuels, l'humeur du moment serait au discours « victimaire ». Cette interprétation vient des Etats-Unis où elle correspond à une certaine réalité juridique. Il est vrai qu'outre-Atlantique l'abus du droit, les stratégies aveugles d'intérêt, l'oubli du bien commun incitent chacun à se poser en victime, afin d'obtenir des autres, ou de l'Etat, la plus grande somme possible de réparations.

Mais il ne nous semble pas qu'aux Etats-Unis l'on ait entendu un grand patron s'excuser, comme c'est le cas en France, d'avoir eu « la chance » de passer des vacances dans un paradis exotique. Il ne nous semble pas que les enquêtes de presse sur la fortune des personnalités politiques, apparues chez nous en 1975, donnent aux élus, interrogés sur ce sujet, l'occasion de minimiser leurs avoirs, le rouge au front, au lieu d'envoyer promener les journalistes, parce qu'ils savent que leur réponse sera utilisée contre eux. Il ne nous semble pas que, dans le Nouveau Monde, les propriétaires d'appartements inoccupés rasent les murs ; que les promoteurs immobiliers se frappent la poitrine quand l'abbé Pierre les traite, en public, de « salopards ». Ni que, au sommet de l'Etat, après avoir dilapidé des subventions incontrôlées, l'angélisme, armé de ses décrets, réquisitionne. L'Amérique a d'autres défauts. Pas ceux-là.

Dans un environnement idéologique où toute non-exclusion devient un privilège, c'est, dans notre pays, à qui se répandra le plus de cendres sur la tête. La nuit du Quatre Août est permanente. Aux dernières nouvelles, les fonctionnaires ont une espérance de vie supérieure aux autres catégories : on ne tardera pas à leur demander des comptes. Le 23 septembre 1995, à l'occasion d'une campagne pour l'interdiction des mines antipersonnel utilisées dans les guérillas locales, un responsable de la Croix-Rouge sollicitait, sur TF1, ceux qui ont « la chance » d'avoir leurs jambes. Durant l'été 1994, une opération intitulée « Dark/Noir », qui s'est déroulée à la Vidéothèque de Paris sous le patronage de l'Hôtel de Ville, se donnait pour but d'« initier » les profanes aux sensations que procure l'absence de lumière. L'intention explicite de ses organisateurs était d'inviter les participants « à reprendre conscience [...] du privilège [*sic*] que représente la vue ». Elle était de remettre en cause « la prédominance [*sic*] de la vue dans notre monde soumis à la dictature de l'image ». Le fond du message, au moins, était clair. Il prétendait démontrer que la vue est un instrument inique de domination, dont il y a lieu d'user avec humilité, en criant merci au Ciel et en s'excusant auprès des hommes. Aussi bien, par rapport à cette immense exclusion que représente la mort, la fièvre commémorative qui s'est emparée de nos sociétés nous invite-t-elle à nous excuser de « la chance » que nous avons de vivre.

Plutôt que de « victimisation », c'est de *culpabilisation* qu'il convient de parler. Et de peur. Car enfin nul n'est dupe des bons sentiments affichés. C'est bien, du plus profond de la conscience bourgeoise, la peur anachronique du *partageux* qui, jusque dans la célébration du *partage* du travail, se réveille. Le miracle de la modernisation républicaine avait consisté à adapter les critères du progrès économique à la préoccupation fondamentale de maintenir la société ensemble, et en paix. L'inversion de ces facteurs, la subordination de la cohésion sociale à l'expansion économique, préconisée par certains libéraux, serait une faute politique majeure. Mais, en dramatisant, sous l'effet de la peur, les enjeux de la cohésion, en confondant cohésion et inclusion au détriment du progrès économique, l'idéologie de l'exclusion est en train de rendre le compromis républicain impossible. En décembre 1991, par exemple, une mesure d'incitation fiscale limitée fut créée pour permettre aux particuliers imposés sur le revenu d'employer du personnel de maison quelques heures par semaine. Un professeur de droit s'indigna de ce « cadeau pour les riches ». Et nombre de hauts fonctionnaires, depuis, de surenchérir : créer des emplois au risque d'aggraver les inégalités en faveur des non-exclus, est, selon eux, le type même de la solution scandaleuse reproduisant les canons économiques bourgeois de l'échange monétaire. Le système communautariste suédois, qui partage le travail rémunéré de façon à donner aux salariés du temps pour s'acquitter eux-mêmes des tâches domestiques, s'impose, dans leur hiérarchie de valeurs, comme le modèle à imiter. La solidarité y gagne ce que l'argent y perd. Et qu'importe que la liberté de choix de l'individu s'en trouve également sacrifiée. Encore un effort, et ces experts, parfaitement représentatifs de l'état d'esprit qui règne dans nos grandes écoles, se convaincront que l'idéal de l'intégration économique, c'est le troc – qui se développe dans les campagnes françaises, non par convivialité, mais pour échapper au fisc. La haine de soi d'une bourgeoisie débordée par une vague populiste sans précédent laisse ainsi la nation se démanteler en se faisant un devoir de tolérance à l'égard de ce qui la nie, là où elle devrait non pas exclure, mais résister.

Est-il donc si difficile de constater que les associations les plus actives dans la défense des « exclus » font peu par elles-mêmes et demandent presque tout à l'Etat ? La plupart se perçoivent comme des

« aiguillons » de l'Administration – l'expression est du président du Secours populaire – et non comme ses auxiliaires. Quand des services publics leur demandent leur concours, elles poussent des cris d'orfraie. L'affaire des réquisitions en faveur des S.D.F. est, à cet égard, exemplaire. Compte tenu des efforts accomplis par les mairies, l'amélioration du sort des deux cent mille sans-logis qui existent en France n'était pas, pour les Eglises et les associations, un obstacle insurmontable. On ne les a pas entendu beaucoup s'accuser elles-mêmes pendant les campagnes de l'hiver 1994-1995 qui prirent pour cibles la Ville de Paris et les promoteurs immobiliers. Même après que, fin juillet 1995, la communauté d'Emmaüs de Nice eut été impliquée dans une affaire d'abus de biens sociaux pour un montant dépassant un million et demi de francs. En cédant, par mauvaise conscience, au chantage politique de ces associations et en laissant celles-ci occuper des locaux par la force, le pouvoir n'a fait que conforter les dépendances par rapport à l'Etat, affaiblir le sentiment des responsabilités, émietter encore davantage les solidarités.

Plus les élites, taraudées par la haine de soi, s'accusent de défaillance à la place des individus, plus les doléances des communautés se font accusatrices et exploitent le ressort de l'exclusion, et plus l'exercice de la citoyenneté est rendu précaire : peut-on à la fois demander à être intégré dans une société et en dénoncer les règles ? Jeunes, immigrés, retraités, fonctionnaires, femmes, fumeurs, non-fumeurs, piétons, handicapés, automobilistes, homosexuels, lycéens, paysans, infirmières, il n'est plus une catégorie qui ne se considère comme « exclue ». Et qui n'attende de la société la solution de ses difficultés, en se jugeant dispensée d'assumer, pour son compte, ses responsabilités.

Un autre exemple de ce comportement que nous avons appelé l'individualisme tribal a été, en octobre 1994, le contenu des réponses à un questionnaire adressé par le gouvernement de M. Balladur à la jeunesse. Tout y était. La revendication d'une « citoyenneté jeune », tendant à substituer la logique de masse à la conception républicaine de l'individu responsable en son nom personnel et non au titre de son origine, de sa profession ou de sa génération. Les « commissions de jeunes », les « locaux-jeunes », les partenariats « police-jeunes », qui se voulaient intégrateurs alors qu'ils étaient l'envers, et non le contraire, des discours d'exclusion. L'horreur du conflit : tout principe d'autorité était banni : c'est la faute des maîtres ; les patrons ne font pas confiance. Un pédagogisme tous azimuts préconisait la multiplication de « lieux de rencontre » – y compris entre parents et enfants ! La prévention, au risque de la surveillance, était préférée à la sanction. On réclamait des médiateurs « permanents », dont le contrôle omniprésent était accepté, pourvu qu'en contrepartie on n'eût pas à payer le prix de la faute. Le service militaire était le bienvenu pourvu qu'il fût détourné de son objet vers des fins civiles et qu'il contribuât à protéger l'individu des aléas de la vie en garantissant son insertion. Sans doute existait-il dans le dossier des aspirations tournées vers d'autres buts que la sécurité et la défense d'intérêts catégoriels, comme en témoignait un louable souci de « l'humanitaire ». Aussi bien serait-ce nous contredire que de prétendre, à notre tour, faire parler une génération. Mais, en l'état, on constatait surtout un phénomène touchant les questionneurs autant que les questionnés, et qui fait rarement les peuples libres : la peur d'être soi.

C'est cette peur qu'il faut vaincre, en sachant que l'organisation des « exclus » en communautés, loin de contribuer à leur insertion, entretient au contraire ceux-ci dans le sentiment et dans la souffrance de leur exclusion. On ne respecte pas un groupe. Il n'est de dignité que dans la relation personnelle entre des personnes. La marche déprimante des homosexuels organisée par le mouvement Gay Pride le 24 juin 1995 aux cris de : « Etes-vous homosexuels ? Etes-vous fiers de l'être ? » était un témoignage parmi d'autres de la difficulté croissante éprouvée par nos contemporains de se percevoir comme des individus.

En ce qui concerne les cas d'« exclusion » ne relevant pas de la solidarité nationale, la réponse est sans mystère. Elle consiste à exclure la complaisance. Les attestations de « vie commune » accordées par certaines mairies à des couples d'homosexuels ne mangent peut-être pas de pain, mais justement : c'est une mascarade – et des demandes, beaucoup plus sérieuses, d'autorisations d'adoption d'enfants par ces couples ne manqueront pas de suivre. Le projet de création d'une troisième salle de la Comédie-Française où l'on ne jouera que des pièces courtes, « pour attirer un autre public », ne grandit ni le ministre qui l'a conçu, ni les destinataires de l'entreprise, ni la culture. Mais, dans tous les cas de détresse véritable, qui relèvent de la solidarité, il est clair que l'Etat ne peut se contenter d'une réponse autoritaire. Là où l'école et l'apprentissage n'ont pas rempli leur fonction, on n'oblige pas des individus désespérés à se prendre en charge.

Pour relever pareil défi, qui concerne un million de personnes, et deux millions et demi avec leur famille, l'Etat nous paraît même l'interlocuteur le plus mal placé. Non seulement parce qu'il est anonyme, mais parce qu'il rend tout ce qu'il touche anonyme. La solidarité nationale doit assurer le revenu minimal vital, la protection sociale, le logement social des pauvres et l'hébergement de ceux qui n'ont pas de ressources. Elle ne peut assumer la charge psychologique des cas de marginalité et de déviance. C'est pourquoi, dans la notion de « R.M.I. », le « I » d'insertion nous gêne. Pierre Rosanvallon y voit, dans un livre de référence, les prémisses d'une charte sociale nouvelle, qui étendrait la notion de réciprocité de l'ordre politique au champ du social. C'est beaucoup sous-estimer, nous semble-t-il, l'impersonnalité inhérente à toute administration, si décentralisée qu'elle se veuille. Considérer l'Etat comme fondé à exiger un travail en échange du revenu minimal qu'il accorde répond, en principe, à la préoccupation de traiter les chômeurs en fin de droits non comme des assistés, mais comme des individus responsables.

Ce serait en réalité, selon nous, s'installer dans un système tendant à créer un nouvel esclavage. Autant il nous paraît juste qu'un chômeur indemnisé soit rayé des listes – avec possibilité d'appel – s'il refuse plus de deux emplois proches de ses compétences et de son domicile proposés par l'Administration, autant la logique du R.M.I. nous semble inacceptable. Ou ce travail serait intéressant, et l'on paierait à vil prix des tâches que d'autres chômeurs pourraient assurer. Ou il s'agit de besognes dont nul ne veut, et l'on voit mal comment les « RMistes » pourraient en retirer les bienfaits d'un apprentissage. Dans les deux cas, il ne peut en sortir que du ressentiment. Le traitement des situations difficiles, qui sont toutes singulières, est du ressort des solidarités associatives et locales. Ces dernières doivent être soutenues, au lieu d'être taxées comme des entreprises. L'idée d'un *charity business* stimulé par des aides de l'Etat et des incitations fiscales n'a rien de scandaleux et pourrait apporter une partie majeure de la réponse au problème de la grande pauvreté, pourvu que, comme c'est le cas pour l'école privée, le respect du principe laïque et l'utilisation des subventions publiques par ces associations soient contrôlés.

En attendant, la collectivisation des comportements, associée à la surenchère des demandes, développe dans l'esprit public un climat sans précédent depuis plus d'un demi-siècle. D'un côté, les « tire-au-flanc », légitimés par leur statut moral d'« exclusion », exploitent sans scrupule les failles du système ; le « système D », comme en 1940, est roi ; une économie souterraine, à l'italienne, crée une main-d'œuvre d'appoint bon marché, qui continue à être à la charge de la collectivité tout en alourdissant les griefs contre les employeurs « au noir » regardés comme des profiteurs du système. De l'autre côté, l'Etat subventionneur alourdit ses contrôles : malheur au RMiste qui vit chez une petite amie touchant un salaire. Entre les deux, les salariés, écœurés, font la chasse aux travailleurs non déclarés. La dénonciation se pare des couleurs du civisme. La lettre anonyme se recommande de la vertu. Il nous est arrivé d'en lire une, signée : « un homme d'honneur ». Certains petits propriétaires, exaspérés de ne pouvoir expulser leurs locataires récalcitrants par des moyens de droit, se croient autorisés à leur expédier des « gros bras ».

La principale victime de cette logique perverse est la tolérance. Sans doute n'a-t-elle jamais été une spécialité nationale. Si faiblement qu'elle ait été pratiquée, elle mettait naguère un peu d'huile dans les rouages sociaux. Elle est aujourd'hui asséchée. La société française, saisie par un vertige de « transparence », se surveille, se censure avec rage. Et se dévore elle-même, en s'abandonnant à l'ivresse d'une épuration permanente.

Quatrième partie

L'ÉPURATION PERMANENTE

I

Anatomie d'une gangrène

« Quand l'être social se confond avec l'être tout court, la société ne dit plus seulement le droit, elle dit l'être. » C'est ainsi que nous nous exprimions, dans *L'Angélisme exterminateur*, il y a trois ans. La République avait eu beau souhaiter ardemment l'avènement d'un nouvel homme, elle avait fait de l'autonomie des personnes, de leur dignité et du respect de la vie privée des principes sacrés. Elle ne s'était jamais autorisée à « dire l'être ». Or voici que, depuis quelques années, des experts et des juges ont suggéré à l'Etat les moyens de peser sur les comportements, et même sur les consciences, en invoquant les arguments irrésistibles de la sécurité, de la préservation de la vie, de la diminution des coûts sociaux, du respect de la différence. De proche en proche, sous la pression des groupes, cet état d'esprit s'est inscrit dans les lois, s'est aggravé dans les entreprises, qui n'y avaient que trop tendance, et s'est emparé des médias, qui se sont faits les relais de cette idéologie – avant de découvrir aujourd'hui que le balancier dont ils ont accéléré la course les frappe en retour en les acculant à l'autocensure, voire au procès.

Au début des années 90, l'avancée du nouveau monstre froid pouvait paraître encore timide, et même raisonnable. Mais ses premières percées étaient révolutionnaires, dans la mesure où elles transgressaient, avec une absolue bonne conscience, des principes fondamentaux. La loi s'attaquait à la liberté d'expression, avec la loi Gayssot contre les propos racistes, et à des domaines considérés jusqu'alors comme touchant aux relations privées (lois Evin sur le tabac et l'alcool, loi sur le harcèlement sexuel, loi sur la publicité du patrimoine des hommes politiques). Parallèlement, on constatait avec effroi que, dans toutes les situations où l'intervention publique est nécessaire – fisc, concurrence, sécurité sociale, assistance, urbanisme, circulation routière –, les attributions du pouvoir ne cessaient de gagner du terrain ; et que, partout où il fallait responsabiliser les individus en respectant leur autonomie, un économisme étroit faisait préférer la prévention du risque et la surveillance des comportements à la sanction de la faute. Ce qu'un esprit élémentairement libre pouvait entrevoir, derrière cette inflation de règles apparemment fondées et presque anodines, était la perspective que s'étende à l'infini, dans l'indifférence générale, un contrôle social inspiré par l'utopie d'une Cité idéale, sans risque et sans conflit. C'était le cauchemar d'une société où l'intolérance prendrait le visage du droit.

Nous y sommes. Il ne se passe plus de jour où, au nom du droit, un expert ou un juge ne proclame non seulement ce que nous devons faire, mais ce que nous devons penser et ce que nous devons être. Pas un jour où ces proclamations ne trouvent leur application concrète dans une décision politique, une loi ou un jugement. Sans doute ces codes sont-ils dispersés et souvent contradictoires. Le fait qu'ils ne soient ni concertés ni programmés les distingue des pratiques totalitaires. Mais, si divers soient-ils, leurs effets s'additionnent. Et l'idéologie qui les porte n'est pas moins redoutable, à terme, que celle des régimes totalitaires, dans la mesure où elle frappe la liberté à la source, au cœur de chaque conscience, en traitant *a priori* tout individu responsable comme un coupable en puissance.

Les Français se sont réveillés, depuis peu d'années, avec le sentiment que les élus, les grands patrons, les hauts fonctionnaires, les journalistes et, d'une manière générale, tous ceux qui exercent une responsabilité de quelque importance dans ce pays étaient corrompus jusqu'à la moelle. Ils n'avaient jamais songé à réclamer des têtes, et on leur en donnait. Les hommes politiques, affolés, ont paru ne plus savoir quelle mortification nouvelle s'imposer à eux-mêmes ; les présidents-directeurs généraux des groupes financiers et industriels, gravement déstabilisés, ont multiplié les codes de déontologie, et les journalistes se sont faits les hérauts d'une épuration permanente, sans se rendre compte, ni les uns ni les autres, qu'ils confirmaient ainsi les soupçons pesant sur eux. En peu de temps, la réputation internationale de la France, patrie de la citoyenneté et du service public, est descendue au niveau de l'Italie, où, en l'absence de tradition républicaine, le clientélisme et la corruption sont le cœur battant de la vie politique. La crise de confiance qui en est résultée a durement atteint, à l'extérieur, les marchés financiers, et offert, à l'intérieur, un tremplin inespéré aux meneurs populistes.

Devant pareil désastre, deux attitudes étaient possibles. L'une, que nous n'avons pour notre part cessé de combattre, consistait à estimer que le seuil de tolérance de l'opinion à l'égard des pratiques de ses responsables politiques et économiques avait été abaissé par la crise, et qu'il fallait en tirer les conséquences, en crevant l'abcès. Il fallait, disait-on, couper des têtes, rendre des comptes, repartir de zéro en s'entourant d'un filet serré de commissions de contrôle et de règles préventives. Cette stratégie, prônée par les experts et approuvée par les belles âmes, est celle qui prévaut encore aujourd'hui. Moyennant quoi, cinq textes réglementant le financement des partis politiques ont été votés depuis 1988, sans que le rythme des inculpations ait décru, ni que la confiance ait fait le moindre progrès. Les campagnes de dénigrement des élus et du patronat ont pris des proportions dignes de la IVe République, et, à en juger par une enquête de l'hebdomadaire américain *Newsweek* de mai 1994 sur « la gloire pâlissante de la France », jamais l'image de notre vie politique et de nos entreprises à l'étranger n'a été plus négative.

L'autre option eût consisté à comprendre que l'opinion, qui est restée marquée par la tradition républicaine, même chez les plus jeunes, attendait des hommes et des femmes politiques que ceux-ci tranchent le problème en politiques au lieu de se défausser sur les experts et sur les juges. Les Français se moquent de la fortune et de la vie privée de leurs élus, pourvu que la rigueur de leur action n'en soit pas affectée, et que ceux-ci répondent devant leurs électeurs de l'usage qu'ils ont fait de leur mandat et de l'argent des contribuables. Bref, pourvu qu'ils soient responsables. La vertu privée n'a jamais été, dans ce pays, la garante de la vertu publique, comme en témoigne l'égale piété que la mémoire nationale voue à Clemenceau et à de Gaulle. Et les manquements à la vertu publique, en particulier les cas de corruption, ont toujours été considérés comme justiciables, d'abord, d'une sanction politique. Grâce à quoi les parlementaires français comptent parmi ceux qui, dans les démocraties, se font la plus haute idée de leur fonction, et notre pays est une des rares nations libres où le mot « Etat » veuille encore dire quelque chose.

C'était une raison de plus pour que les juges, qui ne songent qu'à substituer à la sanction politique leur propre sanction et à se poser en contrôleurs de la vertu des personnalités publiques n'interviennent qu'avec des preuves et dans des formes impeccables. Or si ces preuves ont parfois été vérifiées, les formes ont été, dans la plupart des cas, bafouées de manière inacceptable. Et les formes sont la garantie du citoyen. La grande erreur de ces dernières années est que le développement des scandales dans notre société ait été traité comme un problème « moral », avec la chasse aux sorcières que ce choix impliquait. C'était – c'est toujours – un problème politique.

L'ampleur démesurée, obsessionnelle prise par le procès de la corruption dans le débat français est le symptôme d'une triple déresponsabilisation, transmise comme une gangrène des sommets de l'Etat au personnel politique et à la justice.

En ce qui concerne les sommets de l'Etat, on ne dira jamais assez à quel point l'effritement de la notion de responsabilité politique, concrétisé par les deux cohabitations de 1986-1988 et 1993-1995, entre un président de la République de gauche et des majorités de droite, a accéléré la dégradation de notre vie publique.

La cohabitation était un rêve centriste. Elle supposait que l'opposition droite-gauche devait s'effacer derrière l'image idéale d'un chef de l'Etat promu président de tous les Français. C'était méconnaître le fait que la logique du gouvernement au centre, qui est le propre de la Ve République, n'a rien de commun avec l'utopie du gouvernement du centre ; et ignorer que l'élection du président de la République au suffrage universel implique la responsabilité de fait de celui-ci sur les points de son programme qu'il a définis lui-même comme essentiels. Or, en 1986 et en 1993, M. Mitterrand a été désavoué sur des aspects de sa politique aussi fondamentaux que la lutte contre le chômage, la sécurité et l'immigration. Qu'il se maintînt en invoquant le calendrier ne pouvait signifier que deux choses. Ou bien il s'érigeait en contre-pouvoir, constamment sur la brèche pour dénoncer les errements, à ses yeux inévitables, de la majorité de droite élue par le peuple. De la sorte, et sous couvert de garantir le recentrage de la vie politique française, il ne faisait que durcir la confrontation droite-gauche – ce qui est le lot de toutes les politiques centristes – en se posant, à l'Elysée, comme le porte-parole du « peuple de gauche » confondu avec le peuple tout entier. Ce processus de radicalisation, porté jusqu'à la paralysie des pouvoirs, est très exactement celui qui a marqué la première cohabitation.

Ou bien le président finassait, comme on le vit après 1993, et revenaient en force, sur le devant de la scène, les pires inconvénients du système des partis – négociation permanente entre l'Elysée et Matignon, grenouillage des clans, aux dépens de la crédibilité de l'exécutif, et montée corrélative de la tyrannie de l'opinion. Il était plus que probable que renaisse dans ces conditions, comme sous la Quatrième, le sentiment que la politique consiste surtout à occuper les places, et que le savoir-faire d'un élu se mesure à sa capacité de durer. Quels qu'aient été les efforts des juristes, loin, heureusement, d'être unanimes, pour légitimer le péché originel de la cohabitation par la lettre de la Constitution, ces deux expériences ont causé dans l'esprit public des dégâts irréparables. Elles confortaient l'utopie d'une politique sans conflit, dont les corporatismes se nourrissent pour faire avancer leur idéal d'une société de la transaction permanente devenue, pour cette raison, ingouvernable. Elles personnalisaient à l'extrême le pouvoir, en exploitant les ressorts de l'identification à un homme, habile gérant de son image, plutôt qu'en sollicitant l'adhésion à son projet. Et, en substituant la navigation à vue aux engagements pris par le chef de l'Etat devant le peuple, elles rendaient vaine toute mise en cause de sa responsabilité politique.

Mais l'erreur la plus lourde, inspirée elle aussi par la peur des vagues, aura été la technique de l'esquive obstinément utilisée par l'ancien président pour répondre aux terribles soupçons de corruption et de délit d'initié, portant sur des sommes considérables – vingt-six millions de francs, par exemple, dans l'affaire du Carrefour du développement –, qui l'atteignaient à travers son entourage. En refusant, par ruse ou par doctrine, de demander justice des accusations portées contre lui et de poursuivre les offenses à sa personne, M. Mitterrand a entretenu une confusion dangereuse entre le juste et l'injuste, le vrai et le faux. Il ouvrait ainsi une brèche dans laquelle les élus en délicatesse présumée avec la loi se sont rués, exaspérant ainsi l'instinct de chasseurs des juges.

Les « affaires », dans lesquelles certains veulent voir un signe particulier de la corruption de l'époque, ne sont pas nouvelles. Il est probable qu'elles auraient été ramenées à leur juste dimension, bien moins crapuleuse que leurs ancêtres historiques, si, comme sous la IIIe République, les fusibles politiques avaient sauté : non seulement les ministres, alors, démissionnaient, mais les gouvernements tombaient. Un bref rappel historique n'est pas inutile pour comprendre ce qui est resté immuable comme la nature humaine et ce qui, fondamentalement, a changé.

La première grande affaire de la Troisième a éclaté fin 1887, alors que les républicains modérés s'employaient à la conquête des esprits. Un petit journal, *XIXe siècle*, renseigné par un indicateur, titrait : « La Légion d'honneur à l'encan ». La nouvelle suffit à mettre le feu aux poudres. Depuis quelques heures, le président du Conseil, Rouvier, essayait d'étouffer une affaire de trafic de décorations qui venait de lui être révélée, et dans laquelle des généraux du ministère de la Guerre, mais surtout un député, Daniel Wilson, gendre du président Grévy, se trouvaient impliqués. Toute la presse s'empare de la nouvelle. Le ministre de la Justice ordonne l'ouverture d'une instruction. La Chambre des députés, aussitôt, s'enflamme. Il apparaît bientôt que, pour se disculper, Wilson a fait un faux. Grévy couvre. Le 19 novembre, Clemenceau, à la tribune, exige son départ : « Où est le drapeau ? Qui le tient ? Où est le gouvernement ? » La rue prend le relais. On chante la *Carmagnole* devant le Palais-Bourbon. L'extrême droite s'agite. Le soir même, le président donne sa démission. L'habile Wilson, orfèvre en procédure, s'en tirera : réélu en 1893, il siégera à la Chambre jusqu'en 1902. La machine judiciaire a eu des hoquets, mais le fusible politique a rempli son rôle et empêché l'incendie.

Cinq ans plus tard, en 1892, c'est encore une presse marginale qui déclenche le scandale. *La Libre Parole* antisémite de Drumont, puis *La Cocarde* boulangiste révèlent qu'en 1888 la Compagnie de Panama de Ferdinand de Lesseps, à bout de souffle, a décidé de payer le prix fort pour obtenir de la Chambre le vote d'un emprunt à lots qui, en fin de compte, n'a pas évité la faillite de l'entreprise, ni la ruine de soixante-quinze mille souscripteurs. Il faut relire le Barrès de *Leurs figures* pour mesurer l'émotion suscitée à la Chambre et dans l'opinion par la nouvelle du suicide du financier Jacques de Reinach, opérateur de la manœuvre, et par la fuite à Londres de son trouble acolyte, l'homme d'affaires Cornelius Herz (muni d'un vrai-faux passeport). Plus de cent députés « chéquards » sont compromis. Des hommes politiques de premier plan sont impliqués : Loubet, Floquet, Rouvier, Clemenceau... Seul le ministre des Travaux publics, Baïhaut, avoue avoir touché une commission énorme. Tous plaident – déjà – qu'aucune preuve d'enrichissement personnel ne peut être apportée. Nombre d'inculpés joueront la stratégie de la prescription et du non-lieu. L'extrême droite n'a pas de peine à démontrer que, depuis quatre ans, les gouvernements opportunistes ont tout fait pour retarder l'intervention de la justice. Le président Fallières lui-même a invité le président de la cour d'appel de Paris, Périvier, à désigner un juge d'instruction connu pour mettre cinq ans à instruire la plus simple affaire.

Cet immense scandale a eu, assurément, des effets désastreux : il a fait monter la fièvre antisémite, aggravé l'antiparlementarisme et détourné l'épargne de l'industrie. Mais il a durablement empêché le système des *lobbies* de s'implanter en France et suscité un nouveau type, plus dynamique, d'investissement de la haute finance à l'étranger. Surtout, sous les coups de boutoir acharnés de ses adversaires, la République a démontré sa capacité d'assumer ses fautes. En janvier 1893, le cabinet Ribot démissionnait. Clemenceau, Rouvier et Floquet quittaient un temps la scène politique, pour céder la place à des hommes neufs, talentueux et ardents, d'à peine plus de trente ans : Poincaré, Barthou, Leygues. La relève était assurée.

Ne regrettons pourtant pas trop cet âge de faiblesse de l'exécutif et de capitalisme balbutiant, où les hommes politiques résistaient mal aux séductions du romanesque. Si, par exemple, Thérèse Humbert put, au début du siècle, gruger les gogos en leur faisant miroiter l'héritage d'un oncle d'Amérique inexistant, ce fut parce qu'elle pouvait se prévaloir d'un beau-père vice-président du Sénat et ancien garde des Sceaux, au demeurant irréprochable. La belle Mme Steinheil, entre les bras de laquelle Félix Faure avait perdu connaissance, fut, en 1908, impliquée dans le double crime, resté mystérieux, de l'impasse Ronsin.

Caillaux, dont Clemenceau et Poincaré étaient les ennemis jurés, fut l'objet de campagnes heureusement impensables de nos jours. En 1911, alors qu'il était ministre des Finances, il était intervenu auprès du procureur général Fabre, très réticent, pour faire différer la comparution en appel d'un affairiste, Rochette, déjà condamné pour escroquerie. Sa démarche, inspirée par le souci d'éviter une panique boursière, nourrit des polémiques véhémentes que Caillaux affronta avec une étonnante bravoure, jusqu'au jour de mars 1914 où, à la suite de la publication d'une lettre privée, sa seconde femme révolvérisa proprement Calmette, le directeur du *Figaro*...

L'essentiel est que, dans ces luttes féroces où les cabinets ne se distinguaient pas toujours des alcôves, où les épargnants étaient ruinés par les imprudences du pouvoir et où la justice était malmenée, les coupables n'aient jamais pu, ni le plus souvent voulu se dérober devant leur responsabilité politique. Quand éclata, en 1921, l'affaire de la Banque industrielle de Chine, gouffre de fonds publics dissipés par la faute de Philippe Berthelot, l'inamovible secrétaire général du Quai d'Orsay, qui espérait ainsi sauver son frère, Aristide Briand eut ce réflexe de dignité, depuis bien oublié : « Je ne suis pas de ces ministres qui pensent que les fonctionnaires sont des petites choses fragiles qu'on brise sur son genou pour sauver sa propre existence. »

Le rythme des affaires ne s'est pas atténué pour autant. En 1928, Klotz, ancien ministre des Finances de Clemenceau, signataire du traité de Versailles, fut arrêté pour émission de chèques sans provision. La même année, le krach de Mme Hanau fut l'occasion de montrer du doigt les hommes politiques (dont Poincaré) qui avaient eu l'imprudence de soutenir sa *Gazette du franc*. En 1930, le brillant Raoul Péret, homme politique plein d'avenir, garde des Sceaux du gouvernement Tardieu, tenta de peser sur la justice pour faire différer l'inculpation du banquier en faillite Oustric. Son intervention mit un terme à sa carrière et provoqua la chute du gouvernement.

Avec l'affaire Stavisky, qui fut à l'origine de la journée du 6 février 1934, la coupe déborda : l'escroc du Crédit municipal de Bayonne avait été couvert, trop longtemps, par trop de députés (Garat, Bonnaure) et de ministres (Chautemps). La République sut, il est vrai, une fois de plus, s'en tirer, en faisant revenir le président Doumergue de Tournefeuille. Mais, par rapport aux rétablissements réalisés jusqu'à la fin des années vingt, un ressort s'était alors brisé, qui ne cessa plus, par la suite, de se défaire. Pour trois raisons, qui ne sont pas sans rapport avec notre situation présente.

La première était l'angoisse devant la crise économique et la menace extérieure. La deuxième tenait à l'usure d'un personnel qui, en changeant trois fois les majorités de gouvernement en dehors d'élections régulières (en 1926, 1934 et 1938), accréditait l'idée d'une classe politique complice, d'« un cartel des maquignons », pour reprendre l'efficace formule de Tardieu. Les têtes ne tombent plus : on prend les mêmes et on recommence. Le temps des empoignades internes au camp républicain semblait révolu, pour ne plus laisser place qu'à un affrontement entre les hommes de pouvoir d'un côté, les extrémistes de l'autre.

La troisième raison était l'absence d'une génération politique susceptible de prendre la relève. L'ordalie de 1914-1918 avait décimé la jeunesse du pays. Surtout, l'oligarchie des partis entravait la promotion de nouveaux leaders. A la veille de la guerre, les sexagénaires et les septuagénaires tenaient les commandes. Des hommes comme Pierre Mendès France ou Pierre Cot étaient l'exception. De Gaulle était un colonel de cinquante ans.

Passons sur les scandales de la Quatrième (l'affaire Joanovici, le ferrailleur milliardaire en 1949, l'affaire des fuites et le trafic des piastres en 1950), liés le premier aux séquelles de la collaboration et le second aux secousses de la décolonisation : ces affaires prolongeaient le climat de la Troisième décadente. Elles ont contribué, comme celles qui les avaient précédées, à discréditer la classe politique dans son ensemble et préparé le terrain à la refondation de la République par le Général en 1958.

La principale leçon de ce rapide survol est que les institutions ont résisté aux scandales aussi longtemps que la responsabilité juridique des hommes politiques impliqués dans les affaires ne les a pas dispensés d'assumer leur responsabilité politique. Un passif colossal comme celui du Crédit lyonnais, traité *sotto voce*, ou une affaire criminelle comme celle de la transfusion sanguine, qui n'a vu déférer en Haute Cour les ministres de tutelle qu'en octobre 1992, eussent, sous la Troisième, provoqué des tempêtes dans l'hémicycle. Il a fallu attendre mai 1992 pour qu'un ministre aux abois, M. Tapie, accusé d'escroquerie, quitte le gouvernement, sans renoncer pour autant à ses activités politiques. A la suite du retrait négocié de la plainte qui avait été déposée contre lui, celui-ci retrouvait son portefeuille à la fin de l'année. Un an après, en décembre 1993, à la suite d'une nouvelle inculpation, l'Assemblée nationale votait la levée de son immunité parlementaire. Seul M. Léotard, inculpé pour ingérence, a eu le courage, en juin 1992, de se démettre de tous ses mandats. En juillet 1994, M. Alain Carignon, ministre de la Communication, soupçonné de corruption, abandonnait son poste, mais pas la mairie de Grenoble. Trois mois plus tard, M. Longuet, ministre de l'Industrie, menacé de mise en examen pour abus de biens sociaux et pour avoir couvert des opérations irrégulières, portant sur des sommes démesurées, dans le financement du Parti républicain, démissionnait de ses fonctions, mais se maintenait à la présidence du conseil de la région de Lorraine. Après la démission, en novembre 1994, de M. Roussin, ministre de la Coopération, inculpé pour une affaire de fausses factures remontant à la période où il était directeur de cabinet du maire de Paris, on reste effaré qu'un chef de gouvernement ait pu compter, dans son équipe trois titulaires de portefeuilles importants mis en examen sans se trouver obligé par sa majorité de se retirer, quel que fût le bien-fondé de ces inculpations, comme s'il n'avait pas été responsable du choix de ses ministres.

Le refus quasi unanime des élus d'assumer, en Haute Cour, l'élimination de leurs brebis galeuses, par peur d'être accusés de corporatisme, à la suite du scandale du sang contaminé, n'a pas arrangé les choses. En juillet 1993, la substitution à la Haute Cour d'une Cour de justice de la République, composée de trois magistrats et de douze parlementaires, et saisie par une commission des requêtes où ne figurent que des juges, a conforté l'image d'une République des petits camarades incapable de remettre seule de l'ordre en son sein. Et contrainte de s'en remettre aux juges du soin d'apprécier des responsabilités dans lesquelles la faute personnelle et la faute politique se divisent rarement. Est-ce parce que le mouvement actuel des mentalités est, en son fond, plus proche de la IVe République que de la Ve ? Toujours est-il qu'en se déchargeant sur la seule justice du soin de tirer les conséquences des scandales, après avoir longtemps essayé de les esquiver, la génération qui s'éloigne aura grandement contribué à précipiter la crise de régime.

II

Le droit tué par le droit

Si graves qu'aient été les défaillances du personnel politique, la crise de responsabilité qui affecte la justice à travers un certain nombre de ses juges est encore plus lourde de conséquences. Invoquer la déresponsabilisation de la justice peut paraître paradoxal en un moment où la menace le plus souvent invoquée est celle d'un « gouvernement des juges », dénoncé avec quelque solennité par un garde des Sceaux socialiste, M. Michel Vauzelle, le 10 juillet 1992. Les deux notions, hélas ! ne s'opposent pas. Les juges, souvent jeunes, qui occupent le devant de la scène depuis quelques années, et qui n'écoutent que leur conviction, se rendent-ils compte du poids que les changements intervenus dans notre droit font peser sur leurs épaules ? Mesurent-ils les potentialités à la lettre révolutionnaires du rôle nouveau qu'ils sont amenés à jouer dans l'espace laissé vide par la crise de l'Etat républicain ? Tous sont convaincus, et parviennent à convaincre, de leur rigueur et de leur absence de prévention. Tous croient sincèrement s'acquitter de leur devoir dans l'intérêt supérieur de la société.

Il arrive pourtant que l'on apprenne, avec plusieurs semaines de décalage, que, le 11 juillet 1995, par exemple, la chambre d'accusation de la cour d'appel d'Angers a annulé, avec deux ans de retard, une grande partie de l'instruction qui, à propos d'une affaire de délit d'initié mettant en cause un ami intime de M. Mitterrand, avait fait d'un juge – entré, depuis, en politique – l'archange de la Vertu et la coqueluche de la télévision. Au cours de cette procédure, l'ami de M. Mitterrand était mort d'une crise cardiaque et un Premier ministre, M. Bérégovoy, s'était suicidé. Peu après, le parquet de Créteil mettait en garde un autre juge, lancé sur la piste des H.L.M. des Hauts-de-Seine, contre la tentation d'outrepasser le cadre de sa saisine. Quelques mois auparavant, le 26 mai, *Le Figaro* publiait un récit de « politique-fiction », signé d'avocats et de professeurs de droit – Blandine Kriegel, Laurent Cohen-Tanugi, Mes Geouffre de La Pradelle, Soulez-Larivière, etc. –, dans lequel les auteurs ne jugeaient pas invraisemblable, au train où vont les choses, qu'une simple publicité parue dans le journal de l'ancien parti du président et payée par un groupe industriel pût servir de prétexte à une perquisition dans les bureaux de l'Elysée, moins bien protégé contre une telle démarche que l'Assemblée nationale et le Sénat.

Certaines inculpations ressemblent à de l'acharnement. Chacun a gardé en mémoire cette information surréaliste : en janvier 1995, un préfet retraité de soixante-dix-neuf ans était mis en examen pour avoir autorisé, en 1965, à Vaison-la-Romaine, la construction d'un lotissement qui devait être dévasté par une inondation vingt-sept ans plus tard. En novembre 1994, un proviseur de lycée de la Seine-Saint-Denis avait été condamné à deux mois de prison avec sursis par le tribunal de Bobigny, à la suite d'un accident mortel survenu sur le terrain de basket-ball de son établissement : il était rendu personnellement responsable du délabrement de bâtiments scolaires, dont l'entretien incombe aux collectivités locales. Ses collègues, écœurés, avaient menacé de fermer leurs établissements là où la sécurité ne leur paraissait pas suffisamment garantie.

De trop d'affaires se dégage une impression d'arbitraire. Nous avons déjà signalé les verdicts contradictoires auxquels avaient donné lieu les affaires de tchadors ou de commandos anti-I.V.G., selon le lieu du jugement, et surtout selon le moment. Vérité dans telle conjoncture, erreur au-delà. Pour un regard extérieur à la machine judiciaire, la pression de l'idéologie dominante semble parfois peser plus lourd sur le comportement des juges que leur conscience. Il ne fait pas bon, aujourd'hui, être puissant. Une dénonciation, une lettre anonyme suffisent à déclencher une procédure, qui s'acharne avec d'autant plus d'ardeur qu'elle est aléatoire. En mars 1995, le président-directeur général d'Alcatel-Alsthom était poursuivi pour avoir, selon l'instruction, surfacturé des fournitures à France-Télécom, qui n'a déposé sa plainte que plus tard, et avoir fait effectuer à son domicile, aux frais de son entreprise et avec l'accord de son conseil d'administration, des travaux de sécurité dont la nature, en rapport avec son activité professionnelle, aurait dû le faire échapper à l'application des lois du 10 septembre 1947 et du 24 juillet 1966. Placé sous contrôle judiciaire, celui-ci fut contraint par décision de justice d'abandonner ses fonctions et par la même occasion une stratégie qui lui avait permis en huit ans de doubler la taille de son groupe et d'en faire le deuxième empire industriel français.

D'octobre 1994 à mai 1995, M. Alain Carignon, ministre de la Communication et maire de Grenoble, était mis en détention provisoire, dans la cellule de la prison Saint-Joseph de Lyon qui avait été celle de Klaus Barbie. L'instruction ne mettait à sa charge ni enrichissement personnel ni détournement des deniers publics ; elle le soupçonnait d'avoir opéré la privatisation des eaux de sa ville à la suite d'un « pacte de corruption » conclu en 1987 et dont le prix aurait été le financement d'un journal électoral ainsi que l'usage partiel d'un appartement pour ses activités politiques à Paris. Vrai ou faux, le chef d'inculpation correspondait à des pratiques navrantes de financement des campagnes politiques, banales jusqu'à la fin des années 80 ; il était difficile de ne pas en conclure que la justice avait voulu faire un exemple en humiliant, menottes aux poignets, un homme isolé dans son parti et fortement médiatisé, que ses fonctions de ministre de la Communication rendaient emblématique. Peu auparavant, un présentateur fétiche de la télévision, M. Poivre d'Arvor, avait été condamné à une peine de prison avec sursis pour avoir accepté les libéralités d'un aventurier failli, gendre du maire de Lyon, M. Michel Noir, lui-même inculpé, sans qu'aucun manquement à ses devoirs professionnels ait pu être retenu, à ce titre, contre le journaliste.

De façon plus choquante encore, l'été 1995 a été occupé par une campagne féroce contre le Premier ministre, M. Alain Juppé, personnalité intègre et d'une rigueur altière, violemment pris à partie dans la presse pour avoir fait baisser de mille francs le loyer de son fils, locataire de la Ville de Paris. M. Juppé eut beau expliquer qu'il avait diminué dans les mêmes proportions d'autres loyers du domaine municipal, ses adversaires n'ont pas désarmé. L'affaire, déclarée sans suite par le procureur de la République de Paris, a été relancée par un rapport d'un service mi-judiciaire, mi-administratif, rattaché au garde des Sceaux, le Service central de prévention de la corruption, créé par Pierre Bérégovoy en 1993. Le rapport de ce service étant sans portée – et cela d'autant plus que le Conseil constitutionnel avait privé cet organisme de ses moyens d'investigation, au motif que ce dernier ne pouvait assortir ses enquêtes de garanties judiciaires –, un article du nouveau Code pénal sur la « prise illégale d'intérêt » a permis d'étendre la mise en cause du Premier ministre, ancien adjoint aux finances de la Ville, à l'attribution de son propre appartement, qui fait également partie du parc immobilier de la capitale, et que, par une décision du procureur de Paris du 11 octobre 1995, il a été obligé de quitter. Les meneurs de cette campagne, qui se réclament de la « moralisation » de la vie politique, n'auraient pas bronché si l'ancien adjoint aux finances de la mairie de Paris avait occupé un appartement de fonction. Les tensions suscitées par ce psychodrame à l'intérieur du système judiciaire ont surtout mis en évidence le fait que le droit est considéré de moins en moins comme un critère pour rendre la justice, et de plus en plus comme un instrument au service d'arrière-pensées politiques. Au même moment, les charges pesant en Italie sur l'ancien patron de la démocratie-chrétienne, M. Andreotti, accusé de connivences avec la Mafia et de complicité dans l'assassinat du général Della Chiesa, aurait dû ramener l'affaire Juppé à ses proportions dérisoires.

Mais tel est le pouvoir d'intimidation des juges que l'on a entendu se manifester, en la circonstance, plus de procureurs que de défenseurs du chef du gouvernement, au sein d'une classe politique affolée. Un tel climat de chasse aux sorcières a quelque chose de suicidaire, en une période de crise où l'on aurait été fondé à attendre du débat public qu'il porte sur d'autres priorités. Si encore la dignité de la querelle plaçait ses acteurs à la hauteur d'Antigone affrontant Créon ! L'atmosphère qui entoure la plupart de ces drames politico-judiciaires tient moins de la tragédie antique que du règlement de comptes. En 406 avant Jésus-Christ, pendant les guerres du Péloponnèse, Athènes avait payé cher d'avoir fait exécuter ses généraux revenus vainqueurs des îles Arginuses, sous prétexte que ceux-ci avaient négligé de faire ensevelir leurs morts.

Devant ces faits, accompagnés d'un pilonnage médiatique intense et exploités sans vergogne par l'extrême droite, on pouvait craindre que le pays ne se laissât dominer par le ressentiment. On pouvait redouter que la traque judiciaire et médiatique, qui n'a cessé de se durcir depuis que la mort volontaire de Pierre Bérégovoy, le 1er mai 1993, lui a donné le goût du sang, ne se traduisît par un rejet sans appel de la classe politique et par une demande pressante de sanctions. Or, à en juger par un sondage de la Sofres du 1er décembre 1994, déjà évoqué plus haut dans ces pages, il semble que les leaders d'opinion soient beaucoup plus intransigeants que l'opinion elle-même. Les résultats de cette enquête sont d'autant plus intéressants qu'ils ont été vérifiés lors des élections municipales de juin 1995, à l'occasion desquelles plusieurs maires en délicatesse avec la justice ont été reconduits. Sans que l'on puisse, cette fois, prétendre que les électeurs de Cannes ou de Béthune aient ignoré les faits reprochés à leurs élus. Même à Lyon et à Grenoble, les listes soutenues par les maires sortants, MM. Noir et Carignon, ont devancé, au premier tour, les listes adverses, qui l'ont, il est vrai, finalement emporté.

Le sondage de décembre 1994 atteste qu'une majorité des personnes interrogées ne se font aucune illusion sur les revenus et privilèges occultes dont bénéficient les titulaires d'un certain nombre d'activités : parlementaires, élus locaux, chefs d'entreprise, fonctionnaires, journalistes. Mais, devant ce phénomène vieux comme le monde, la moitié des sondés fait preuve d'une indulgence que l'on peut interpréter comme du fatalisme, mais où nous préférons reconnaître une réaction de tolérance à l'égard de faiblesses le plus souvent très mineures, qui ne nuisent à personne et dont nul ne s'excepte, parce qu'elles sont humaines, trop humaines. Aussi bien, à choisir entre un homme politique parfaitement honnête, mais peu efficace et un homme politique efficace, mais un peu corrompu, les opinions balancent-elles : quarante-cinq pour cent inclinent en faveur de l'intransigeante vertu ; trente-neuf pour cent admettent les indélicats, pourvu qu'ils s'acquittent de leur mission dans l'intérêt commun, distingué, en l'occurrence, du bien commun. De façon plus étonnante encore, quarante-neuf pour cent des sondés, pratiquement la moitié, trouvent que les affaires de financement des partis politiques ne justifient pas tant de bruit ni une telle débauche d'indignation.

Cela ne signifie nullement que le jugement moral soit absent. Les trois quarts des sondés pensent que le détournement de fonds au bénéfice d'un parti est aussi grave que l'enrichissement personnel. Cinquante et un pour cent se disent convaincus que les juges font bien leur métier. Mais il est remarquable qu'une proportion énorme, soixante-seize pour cent, déclare refuser de payer un liard supplémentaire de taxes ou d'impôts pour contribuer au financement public des partis politiques, « même si cela devait permettre une moralisation complète » de la vie publique.

Au vu de telles réponses, on a entendu s'élever, de tous côtés, un concert de lamentations. Sur le cynisme des citoyens. Sur la dégradation du civisme dans un pays désorienté, sans autre horizon que les délectations moroses du chacun pour soi. Plutôt que de dénoncer la dégradation de l'esprit public et de voler au-devant des haines exploitées par les populistes, mieux eût valu reconnaître dans ces réponses la marque d'un bon sens populaire qui a quelque mérite à demeurer intact. Que la corruption existe et qu'il faille la combattre, tout le monde en convient. Qu'il faille chercher les moyens les plus équitables de rendre la République moins cambriolable, nul ne le nie. Encore faut-il qu'il y ait préjudice et plainte pour que la justice s'abatte sur un suspect. Sinon, c'est la loi des suspects. Si la société s'arroge le droit de poursuivre la fraude de sa seule initiative partout où elle en soupçonne la trace, c'est l'effraction de la vie privée et le renversement de la charge de la preuve. Bref, l'arbitraire. Au bout du compte, c'est la parole de Saint-Just, déjà prise à la lettre par certains juges : « Prouvez votre vertu, ou entrez dans les prisons. »

En reconnaissant la banalité du mal tout en réprouvant l'acharnement des purificateurs, une majorité des personnes consultées par ce sondage ne fait pas autre chose que de s'inquiéter de cette dérive. Loin de prendre la défense des escrocs, elle rejette Saint-Just. Au pays de Voltaire, on a rarement cultivé l'angélisme, sinon sous la Terreur. Mieux vaut, pense-t-on, fermer les yeux sur un péché véniel qu'ouvrir la porte à l'inquisition. La tolérance n'est pas seulement une notion morale, c'est un principe de droit. Quant au refus des sondés de payer davantage d'impôts pour contribuer au financement des partis, le propos est sans mystère. Une loi du 29 janvier 1993 oblige les candidats et les partis à transmettre la liste des aides qui leur ont été apportées par les personnes morales à la commission nationale des comptes. Etait-il nécessaire d'aller plus loin ? Il n'est pas besoin d'être grand clerc pour prévoir que la loi de décembre 1994 interdisant aux entreprises de financer les partis ou les campagnes électorales rendra une nouvelle jeunesse aux valises de billets. L'idée d'un financement public des dépenses des partis, votée par les partis, n'est pas la manière la plus heureuse de convaincre l'opinion que la Ve République n'est pas tombée entre les mains des partis. Au lieu de demander au peuple de passer à la caisse au nom d'une improbable moralisation « complète » de la vie politique, que l'Etat commence par surveiller ses comptes, tel est le message de ce sondage. Au lieu de chasser les sorcières, que les responsables politiques s'attaquent aux problèmes de la Sécurité sociale et du chômage. La vertu viendra par surcroît.

C'est une erreur grossière de s'imaginer qu'au temps des imagologues le peuple doive être séduit par des apparences, et qu'il soit insensible aux arguments de la raison. C'est une erreur non moins grave, de la part des élites, que de confondre l'état de l'esprit public avec les intérêts exprimés par les groupes de pression à travers les médias et que de rejeter en bloc la « démocratie d'opinion », en se privant du vieux fond de culture qui se manifeste parfois dans certains bons sondages – il en existe –, et qui, mieux sollicité, leur permettrait d'entendre eux-mêmes raison. Une erreur, enfin, de croire que le niveau d'indulgence de l'opinion à l'égard des privilèges et des passe-droit se soit abaissé de lui-même, sous l'effet de la crise, alors que la principale cause de cette montée de l'intolérance est la pression exercée par des groupes passés maîtres dans l'art d'utiliser les médias – par exemple l'Association pour la défense des contribuables parisiens, qui mène la charge contre M. Juppé. Un autre sondage de la Sofres, des 2 et 3 juin 1994, indique que 58 % des personnes interrogées condamnent la délation. Elles étaient seulement 41 % en 1987. Si la délation augmente bel et bien dans les faits, si elle est à l'origine de la plupart des affaires que l'on vient d'évoquer, et si elle se déchaîne contre la « triche » des travailleurs au noir, c'est, comme sous l'Occupation, moins en raison du nombre des délateurs que du nombre des contrôleurs qui les écoutent ; c'est moins en raison de la montée de l'envie que du travail de sape, plus ou moins délibéré, de ceux qui organisent l'envie.

La sagesse populaire, qui nous paraît se maintenir envers et contre tout, se situe, en son fond, dans la droite ligne de la sagesse républicaine. Elle n'ignore pas que les valeurs sont contradictoires entre elles ; que le respect scrupuleux des règles imposées au simple citoyen ne s'accorde pas toujours avec le service de l'intérêt général ; que l'éthique de la responsabilité implique des accommodements peu compatibles avec l'éthique de la conviction ; et que la tolérance d'un droit à l'erreur, s'agissant de broutilles, est le moyen le plus sûr d'ôter tout prétexte à la fraude et à l'hypocrisie. En 1868, dans un essai intitulé *La Morale dans la démocratie*, un des théoriciens les plus considérables de l'idée républicaine, traducteur célèbre de Kant, Jules Barni, poussait le souci de séparer la politique de tout ce qui, dans la morale, « n'est pas de droit » et qui « appartient exclusivement au for intérieur, au domaine de la conscience », jusqu'à reprocher à Montesquieu d'avoir estimé que « les lois doivent entretenir la frugalité dans la démocratie ». L'auteur de *L'Esprit des lois*, ajoutait Barni, « ne voyait pas que des lois de ce genre sont tyranniques et qu'elles n'engendrent ordinairement qu'une fausse vertu ».

Ce n'est malheureusement pas ainsi que l'entendent certains juges. La « juridicisation » de la société, à laquelle ceux-ci aspirent, se confond, dans leur esprit, avec sa moralisation. C'est-à-dire, nécessairement, avec l'idée politique qu'ils se font de la meilleure société possible. Tout système de droit est, en son principe, politique. Il ne peut l'être dans son application, sauf à être remis en cause. C'est le cas. Pour permettre aux nouveaux anges exterminateurs d'atteindre leur but, tous les artifices sont bons. Encouragés à la fois par la maladresse du personnel politique et par le climat de haine entretenu par les populistes « en escarpins et en brodequins », selon l'heureuse formule d'Alain Duhamel, des juges d'instruction idéologues, fascinés par le modèle italien, s'érigent en arbitres du Bien et du Vrai. Au risque d'oublier que leur fonction ne consiste pas seulement à instruire à charge, mais aussi à décharge ; et parfois même au mépris des règles de procédure pénale sans lesquelles tout citoyen investi d'une responsabilité quelconque devient un inculpé en puissance.

Un juge, par exemple, ne peut sortir du cadre de sa saisine, sauf à demander au parquet un réquisitoire supplétif. Mais comment le parquet refuserait-il l'autorisation quand l'affaire est politique et que des indiscrétions distillées dans la presse laissent entendre que le dossier est chargé et que le pouvoir cherche à l'étouffer ? Les fuites viennent, il est vrai, souvent du greffe ou de la police. Elles peuvent venir aussi des avocats, qui ne sont pas tenus au secret, ce qui, lorsque l'intérêt du justiciable en pâtit, est assez peu vraisemblable. Elles viennent aussi de certains magistrats. Quoi qu'il en soit, c'est ainsi que l'affaire Urba-Gracco, partie en 1988 d'un accident du travail dans une entreprise du Mans, a abouti, en 1992, au siège parisien du P.S., rue de Solférino. Redoutable précédent, dont les chambres d'accusation et le parquet commencent à s'émouvoir. Les justiciables n'ont pas le droit de choisir leurs juges. Au nom de quoi les juges auraient-ils le droit de choisir leurs justiciables ?

Un autre stratagème a consisté à utiliser contre les élus une jurisprudence de la Cour de cassation remontant à 1967, qui déclarait le délit d'abus de biens sociaux prescriptible seulement à partir de la date à laquelle on le découvre, ce qui revenait à rendre celui-ci pratiquement imprescriptible – au même titre que le crime contre l'humanité. Comme, avant les lois de 1990, les candidats soupçonnés de corruption ne pouvaient être inculpés en raison des financements reçus d'entreprises, les magistrats instructeurs ont inventé contre eux le grief de « complicité » ou de « recel d'abus de biens sociaux ». Ce chef d'accusation n'aurait aucune chance d'aboutir devant un tribunal, à moins que l'élu incriminé ne fasse lui-même partie de l'entreprise qui l'a soutenu financièrement, mais il permet aux juges de contourner la prescription pour déclencher des commissions rogatoires, vérifier les comptes, scruter la vie privée. Le moyen est inadmissible. Inculpe-t-on de complicité d'abus de biens sociaux les associations qui reçoivent des dons importants d'entreprises ? Ce chef d'inculpation, devenu banal, enrichit d'une variante que l'on n'aurait pas cru possible dans une démocratie la longue histoire des faux-semblants juridiques dont ont usé tous les procès en sorcellerie, depuis le Moyen Age jusqu'aux procès de Moscou, afin de se donner les apparences de la rigueur. Le politologue Yves Mény note avec raison que le système de la corruption est particulièrement pervers en France, parce qu'il emprunte, en façade, « les voies et les moyens de la légalité ». La riposte des juges est d'une perversion symétrique : elle viole la procédure en s'abritant derrière la façade de la légalité. Sans que l'on aperçoive, au sein de la corporation judiciaire, une quelconque instance qui place ces modernes Saint-Just, à l'égal de leurs victimes, devant les conséquences disciplinaires de leurs actes.

Si encore les juges employaient, dans leur recherche de la vérité, des moyens humains ! Mais tout se passe comme s'ils ne poursuivaient qu'un seul objectif, hérité de la « question » d'Ancien Régime : faire « craquer ». L'inculpé cherche-t-il à organiser sa défense, refuse-t-il, selon une expression qui en dit long, de « coopérer » avec son juge ? Le voici jeté en détention provisoire, le choc de la prison remplissant la fonction du supplice de l'eau ou des brodequins.

Cette hargne tranquille dans l'extorsion de la vérité en arriverait presque à faire oublier que, dans une société de droit, le témoin, seul, est astreint à dire toute la vérité. Faire peser sur l'inculpé la charge de la preuve est le priver des moyens de se défendre. On connaît, en réponse à ces critiques, l'argument le plus souvent invoqué par les partisans des juges : le véritable sujet d'indignation n'est pas qu'un ministre ou qu'un brillant président-directeur général soit enfermé dans une geôle. C'est le système de l'incarcération provisoire qui est un scandale. Que ne s'en est-on ému quand les victimes étaient des lampistes ? A cette objection de mauvaise foi, il n'est pas très difficile de répondre que, justement, les conditions de mise en œuvre de la prison préventive sont, depuis longtemps, contestées par les juges eux-mêmes. Et que, comme l'admet la jurisprudence, un homme public ou un grand patron est plus gravement atteint dans son honneur et dans sa vie professionnelle par une telle décision qu'un récidiviste de droit commun.

Sauf dans les cas où le maintien en liberté est dangereux pour la société, l'incarcération préventive d'un inculpé en « col blanc » obéit, le plus souvent, à des considérations idéologiques. Il ne s'agit pas, en l'occurrence, d'empêcher un assassin présumé de courir. Mais d'interdire au prévenu d'organiser ses dossiers, en contradiction flagrante avec les droits de la défense. Parmi les juges qui se signalent par leur ardeur répressive, beaucoup sont d'anciens membres du Syndicat de la magistrature où prévalait, il y a vingt ans, l'idée que la fraude économique doit être réprimée plus durement que le délit de droit commun. En novembre 1981, dans l'euphorie de l'état de grâce, une circulaire du garde des Sceaux, M. Badinter, recommandait aux parquets de poursuivre les infractions de fraude et d'astuce avec plus de vigueur que les autres délits. C'était faire de la justice de classe à l'envers. C'était de surcroît, de la part de croisés de la morale, faire preuve d'une étrange morale que de proportionner la gravité de la faute à son coût financier pour la société. Aussi bien n'est-il pas étonnant que la droite traditionnelle, de culture foncièrement anticapitaliste, ait repris à son compte cette philosophie, derrière M. de Villiers.

Le résultat de cet état d'esprit est que, compte tenu de la complexité des problèmes juridiques soulevés aujourd'hui par toute entreprise de quelque envergure, il n'est plus un responsable qui ne sente un glaive suspendu au-dessus de sa tête ; plus un décideur qui ne s'estime contraint de s'entourer d'un luxe de précautions paralysant pour l'action. A terme, ce sera la pénurie des médecins, administrateurs, chefs d'entreprise et hommes politiques susceptibles de prendre des risques et de les assumer – en Italie, à cause des procès, les marchés publics ont purement et simplement disparu. Cela n'empêche pas les juges de s'accrocher à la jurisprudence de 1967, en prétextant que sa remise en cause provoquerait un tollé comparable à celui qui suivit l'amnistie partielle des délits commis dans le cadre du financement des partis, votée par les députés en 1990, « sauf en cas d'enrichissement personnel » – amnistie montrée du doigt par la plupart des magistrats comme le péché originel qu'ils font payer, depuis, à la classe politique.

La maladresse de cette amnistie était indiscutable. Non seulement le vote, perçu comme une auto-absolution, paraissait consacrer l'inégalité des citoyens devant le droit, mais il contenait l'aveu implicite que, jusqu'à cette date, les élus avaient nagé dans l'illégalité. Cela dit, l'initiative des députés n'aurait pas suscité un tel scandale si les déceptions liées à la crise de l'Etat-nation n'avaient, depuis longtemps, entamé leur crédit. Seul un climat de confiance aurait permis à l'amnistie d'acquérir un caractère de solennité suffisant pour que celle-ci devînt, aux yeux de tous, ce qu'elle se voulait – un acte fondateur, destiné à consacrer une nouvelle règle du jeu. Le paradoxe est que ce texte serait sans doute mieux accueilli aujourd'hui, en raison des excès des juges. Tôt ou tard, il faudra bien en venir à accorder aux errements d'hier le bénéfice de la prescription, qui n'a rien d'un privilège, qui est de droit commun, si l'on ne veut pas que la justice, à force de tout dévorer sur son passage, finisse par se dévorer elle-même, comme on le voit en Italie, et si l'on souhaite rétablir un peu de confiance dans ce pays.

Il faudra également réformer une procédure pénale dont les défauts sont criants. Les remèdes sont connus. Séparer l'instruction de la juridiction, permettre la mise en cause de la responsabilité du juge devant sa hiérarchie pour déni de justice, sanctionner plus lourdement les atteintes à la présomption d'innocence, codifier les conditions dans lesquelles il peut être nécessaire de lever le secret de l'instruction, limiter la détention provisoire, telles sont les voies. Ces ajustements modestes seraient préférables à la révolution préconisée par certains juristes, partisans d'un alignement de notre procédure « inquisitoire » sur le modèle « accusatoire » américain. Outre le fait que le système anglo-saxon rend la police toute-puissante, ce qui n'est guère conforme au tempérament français, l'insupportable climat de fièvre politique et de tension interethnique qui a, aux Etats-Unis, accompagné le procès du célèbre sportif noir américain Simpson, acquitté le 3 octobre 1995, n'incite guère à prendre ce chemin. Il ne nous paraîtrait pas souhaitable, non plus, de couper de l'exécutif le parquet, qui doit pouvoir continuer à exprimer le point de vue de la société. La même relation doit exister entre le juge et le politique qu'entre le droit et la loi. Chacun doit pouvoir limiter l'autre. Afin d'éviter que le garde des Sceaux ne cherche à peser sur les affaires pour des raisons partisanes, sans doute serait-il nécessaire – une fois n'est pas coutume – de créer une instance d'arbitrage paritaire, désignée par le parquet, le siège et les présidents des assemblées.

Mais la solution ne saurait venir des réformes. La crise est idéologique. L'une des principales erreurs de ce temps est de prétendre y remédier avec des recettes de droit et de sociologie des organisations. Ce n'est pas à coups de révisions du Code pénal que l'on empêchera que, comme l'écrit Me Jean-Denis Bredin dans un article du *Monde* du 21 août 1994, « la loi du juge devienne la loi ». Ni que grandisse à l'horizon de notre démocratie la nouvelle figure d'archange décrite en ces termes par le même auteur : « Le juge inquisiteur, le juge purificateur, le juge porté par son devoir, par son pouvoir, par l'exaltation de la justice. » Me Bredin voit la principale issue dans la vigilance de ceux qui informent et éduquent, contre « le dévoiement d'une démocratie où le droit se soumettrait aux caprices de l'opinion, aux passions les plus légitimes ou au despotisme de la vérité ». Il a raison. Les juges seraient moins enclins à se saisir d'eux-mêmes, ils céderaient avec moins de transports à la fièvre de la purification judiciaire s'ils étaient moins sollicités. Nous sommes entrés dans une société où les plaintes se sont multipliées. Les moyens de détection des fraudes se sont renforcés. Cependant que la pression des groupes organisés et des médias développe, autour des prétoires, un climat de justice populaire – l'affaire Garetta et le procès du drame de Furiani sont là pour en témoigner.

Qu'importent les excès de la purification judiciaire, pourvu qu'il y ait purification ? dira-t-on peut-être. Aux grands maux, les grands remèdes. Il peut arriver que la fin justifie les moyens. Les libertés prises par certains juges avec les formes procédurales seront, à terme, plus faciles à réparer que les effets d'une corruption qui était en passe de détruire notre démocratie. Ce n'est pas notre avis. Non que les méthodes auxquelles les partis ont recouru pour financer leurs campagnes méritent, à nos yeux, l'indulgence. Elles nous font horreur. Les pratiques des officines, Urba, Cogedim, Sages, qui percevaient pour le compte de la droite et de la gauche des pots-de-vin sur les marchés publics, les implantations de grandes surfaces et les concessions de services urbains sont inacceptables. Recourir au chantage pour faire payer les entreprises ou accueillir avec reconnaissance les offres des corrupteurs revient à prostituer la République. Une remise en ordre énergique de cette machine folle aurait dû être opérée par la loi bien avant que les juges s'en mêlent. Mais ces mœurs détestables étaient beaucoup moins le fait des hommes que des énormes besoins d'argent des partis, entraînés par le coût croissant des moyens de communication. Ce sont des effets pervers de la civilisation de l'image. Cet abus-là peut être résolu par du droit, par de l'organisation et par une meilleure maîtrise de la technique. Il est profondément injuste de faire payer les pratiques d'hier au personnel politique, en fonction des critères d'une nouvelle règle du jeu.

La croisade des juges est d'un tout autre ordre. Elle n'est pas liée à une conjoncture. Elle est le symptôme d'un malaise général. Elle pose un problème idéologique qui, à travers le droit, concerne l'ensemble de la société. Elle reflète une évolution des mentalités à laquelle nul n'échappe, pas même les responsables politiques. Le remède consistant à laisser faire les juges nous paraît, pour cette raison, pire que le mal.

Les abus de droit qui nous préoccupent sont la partie émergée d'un dérèglement bien plus fondamental, qui est l'abus du droit. Nous en connaissons la genèse : la reconnaissance, depuis quelques années, de la supériorité du droit européen sur le droit national ; la complexité croissante d'une société où la mixité de l'économie, l'internationalisation des marchés, les risques écologiques nouveaux créent des besoins sans précédent de régulation et de contrôle ; l'explosion communautaire, à l'origine d'une demande exponentielle de droit, ou d'exceptions au droit ; le mythe de l'exclusion, générateur de culpabilité et de ressentiment ; bref, l'ensemble des facteurs qui ont provoqué, accompagné, suivi la « sortie de l'exception française ». Le modèle républicain, qui faisait du juge un exécutant de la loi et non un pouvoir, comportait un inconvénient, qui était le risque de dépendance de la justice par rapport à l'exécutif. Il avait un avantage : la limitation par la loi du champ dans lequel pouvait intervenir le droit. La remise en cause de ce modèle présente les caractéristiques inverses. Le système anglo-américain, sur lequel nos pratiques tendent à s'aligner, a le mérite de faire du juge un authentique pouvoir. Il comporte un inconvénient : la loi n'a pas d'autre limite que celle que le juge lui impartit.

La greffe du modèle juridique anglo-américain sur le droit français n'a, en toute hypothèse, aucune chance de réussir. Ce serait vouloir faire du girondinisme avec des têtes jacobines. Du moins pouvait-on espérer trouver un point d'équilibre entre l'aspiration démocratique au droit et l'affirmation républicaine de la loi. Cela supposait que le pouvoir judiciaire et le pouvoir législatif puissent s'arrêter mutuellement. Empêcher la loi de violer les principes fondamentaux du droit ; empêcher la justice de se substituer, sous les apparences du droit, au pouvoir politique, tel était le pari. L'incapacité du législateur de résister au chantage des groupes l'a rendu impossible. En sorte que le juge s'est imposé, face à l'élu, comme l'arbitre entre les groupes, et le principal garant du contrat social. Davantage, dans une société que la crise de l'Etat-nation a fait exploser en communautés opposées les unes aux autres et au pouvoir, le pouvoir judiciaire est devenu une corporation comme une autre, seulement dotée de plus de moyens que les autres, pour se faire l'interprète de la nouvelle logique communautaire contre le pouvoir.

Chaque corporatisme suit sa pente. Le judiciaire suit la sienne, en cherchant à soumettre le plus grand nombre possible d'activités sociales à sa juridiction, tout en ayant le moins possible à en répondre. C'est pourquoi Rousseau avait exclu, après Montesquieu, que la justice fût un pouvoir. L'auteur du *Contrat social* trouvait là un point d'application de son principe de réciprocité : si les juges faisaient le droit, une corporation déciderait pour la société tout entière. La loi qui fixe les peines ne peut être juste que si ceux qui l'ont élaborée savent qu'elle s'appliquera dans les mêmes conditions à tous. Il faut, pour la même raison, que ceux qui rendent la justice soient à l'abri des pressions populaires : la « condamnation n'appartient point au souverain ; c'est un droit qu'il peut conférer sans pouvoir l'exercer lui-même ».

Traduit en termes actuels, cela signifie que les poursuites pénales intentées au nom d'un intérêt moral défini par un groupe, la violation du secret de l'instruction, la dépendance de la magistrature et son envers, le gouvernement des juges, sont contraires aux codes implicites dont dépend l'adhésion d'une société libre à sa justice. Cela exclut l'élection des juges, qui est défendue aujourd'hui par d'excellents esprits, en dépit de ses dangers évidents. Et cela condamne non seulement la télévision dans les prétoires, qui nous arrive, en ligne directe, des Etats-Unis, mais les prétoires exhibés au quotidien, en la personne des juges, à la télévision.

Cette sérénité idéale n'a sans doute jamais été pleinement réalisée. Mais, au lieu de nous en rapprocher, l'expérience de ces dernières années nous en éloigne. D'un côté, les juges ambitionnent de réduire l'ensemble des rapports sociaux à des relations de droit dont leur corporation serait l'arbitre. Ils jurent qu'ils ont renoncé à changer la société. Ils ne s'en évertuent pas moins à la purifier. De l'autre, leurs représentants s'écrient, avec le président de la Cour de cassation, M. Pierre Drai, dans un entretien publié par Le *Figaro* du 29 mai 1995, que « le juge n'est responsable que devant sa conscience », qu'il « ne doit être responsable ni du point de vue de son avancement ni du point de vue disciplinaire pour les actes juridictionnels qu'il a accomplis », et que, s'il devait « compter avec les risques de la responsabilité », « le métier, déjà très difficile, deviendrait impossible ». M. Drai ajoute, il est vrai, qu'il « mesure ce que cela peut avoir de choquant pour le justiciable ».

Le justiciable ne serait certainement pas choqué si la corporation judiciaire lui appliquait la saine conception de l'imperfection humaine dont elle se fait bénéficier elle-même. Que le juge ait seulement à répondre de ses fautes devant sa hiérarchie et qu'il ne soit pas soumis en permanence à la pression des justiciables est normal et même nécessaire. Le même problème se pose à propos du « risque thérapeutique », dans l'exercice de la profession de médecin. Rien n'est moins souhaitable, on croit l'avoir assez dit, qu'une juridicisation des rapports sociaux à l'américaine : la menace permanente du procès paralyse toute prise de responsabilité et tue dans l'œuf le sentiment de la liberté. L'indemnisation des erreurs judiciaires doit incomber à l'Etat. Encore faudrait-il que les magistrats soient sanctionnés par leur hiérarchie pour leurs fautes professionnelles, et pas seulement pour leur comportement personnel, ce qui est loin d'être le cas. Encore faudrait-il aussi que les juges résistent au processus de juridicisation dont ils sont les premiers artisans.

Ce processus – apparu à l'occasion d'une décision du Conseil constitutionnel posant, en 1971, la supériorité des « principes fondamentaux » du droit sur la loi – n'était, à l'origine, nullement contradictoire avec l'universalisme républicain. Tocqueville, dans *La Démocratie en Amérique*, l'avait, d'avance, justifié en des termes magnifiques : « Quand je refuse d'obéir à une loi injuste, je ne dénie point à la majorité le droit de commander ; j'en appelle seulement de la souveraineté du peuple à la souveraineté du genre humain. » Mais la dérive était inévitable dès lors que les arbitrages opérés par les juges entre des valeurs contradictoires revenaient à faire des choix politiques, sans que les juges eussent à mettre en jeu leur responsabilité dans les mêmes conditions que ceux qui font la loi.

Le même problème s'est posé pour les commissions d'experts, dites « autorités administratives indépendantes » – en particulier la Commission nationale de l'informatique et des libertés et le Conseil supérieur de l'audiovisuel –, chargées de garantir les droits des citoyens, avec des attributions juridictionnelles. Là aussi, des groupes sans responsabilité, composés en majorité d'experts, se trouvent amenés, tantôt à empiéter sur la compétence du juge, tantôt à prendre position dans des débats fondamentalement politiques, sans disposer ni de l'autorité du juge ni d'une légitimité politique, malgré la présence de quelques élus en leur sein. Il n'est guère étonnant qu'ils donnent l'impression de s'exprimer non pas au nom de la société, mais en vertu d'une logique ou d'intérêts qui leur sont propres.

Au point qu'il suffit que le C.S.A., par exemple, condamne les débordements d'une radio ou d'une télévision pour que les auteurs de la faute hurlent à la censure et deviennent aussitôt populaires. En décembre 1984, la Haute Autorité, ancêtre du C.S.A., avait fait descendre les « jeunes » dans la rue et s'était vu jeter à la face les noms de Jaruzelski et de Pinochet pour avoir sanctionné N.R.J., coupable d'avoir enfreint sans vergogne les limites techniques imposées par la loi. En mars 1994, le C.S.A. faisait la fortune des animateurs de Fun Radio en dénonçant les dérapages pornographiques, bien réels, d'émissions à forte rentabilité commerciale, censées répondre aux questions posées par un public très jeune. Les associations de jeunes, de lutte contre le sida, de défense des exclus s'en mêlant, l'affaire fut une assez belle occasion d'apercevoir les interférences entre la montée du communautarisme, le mythe de l'exclusion et le dévoiement du droit. L'un des héros dérisoires de cette guerre des ondes eut même le privilège d'être appelé à siéger comme expert dans une commission sur la jeunesse créée par M. Balladur. Autorité administrative, le C.S.A. ne peut manquer d'être perçu comme un censeur quand il intervient sur le fond ; nommé par le pouvoir, il résiste mal au soupçon d'entretenir des arrière-pensées politiques. Dans l'affaire de l'appartement de M. Juppé, le Service central de prévention de la corruption, contesté par le Conseil constitutionnel dès sa création, s'est heurté à la même objection préjudicielle que nous avions soulevée en son temps. Entre les fonctions du politique, de l'expert et du juge, la faiblesse des récentes métamorphoses de notre droit est de ne pas savoir choisir.

Or plus la compétence des juges s'étend, plus nombreux sont les cas où ceux-ci sont amenés à privilégier un « principe » par rapport à un autre, à empiéter ainsi sur les attributions du politique et à perdre, du même coup, le fondement essentiel de leur légitimité. Nous avons eu, plus haut dans ces pages, l'occasion de le constater, à propos de la décision du Conseil constitutionnel du 13 janvier 1994, qui abrogeait certaines dispositions du texte révisant la loi Falloux, en invoquant un principe d'égalité devant la subvention favorable aux revendications communautaires, contre l'arbitrage de l'Etat. Ou encore à propos de l'arrêt de la cour d'appel de Paris du 15 septembre 1995, qui définissait comme « un objectif de valeur constitutionnelle » le droit au logement, absent du préambule de la Constitution de 1946. Le choix politique était patent dans l'arrêt de la Cour de cassation du 21 mai 1995, créant un droit à l'emploi. La Cour y comblait les lacunes de la loi Aubry de janvier 1993 et se substituait au législateur en faisant obligation aux plans sociaux des entreprises de reclasser leurs salariés licenciés, et à ces derniers d'accepter un déclassement éventuel. Le flottement de la jurisprudence dans les affaires de tchadors et des commandos intégristes contre les cliniques pratiquant l'avortement procède, de même, d'incertitudes qui sont fondamentalement politiques. En autorisant, en février 1995, les détenus, militaires et élèves frappés de sanctions disciplinaires à déposer des recours non suspensifs devant les tribunaux administratifs, le Conseil d'Etat a encore accru, pour le meilleur et pour le pire, les moyens donnés au juge d'intervenir dans le fonctionnement interne d'institutions de la République. Ce revirement de jurisprudence, pris en conformité avec la Convention européenne de sauvegarde des droits de l'homme, se justifie peut-être dans les prisons et dans l'armée ; beaucoup moins dans les écoles dont le défaut le plus frappant n'est pas l'abus d'autorité. Dans tous les cas, la dérive est la même. D'exécutant de la loi, le juge se commue en créateur de droit ; de gardien des valeurs républicaines, il s'érige en professeur de vertu ; de défenseur des libertés individuelles, il devient protecteur d'intérêts catégoriels.

Le plus grave, peut-être, est que la justice, de plus en plus enfermée dans une logique corporatiste, est amenée à consacrer, par son intervention, les conflits opposant les communautés et les corporations entre elles. Les demandes de règles émanant des groupes, tournées vers l'Etat, retombent sur le juge et obligent celui-ci à arbitrer dans des domaines touchant aux mœurs, à la morale, à la vie privée, à la communication, voire à l'interprétation de l'histoire, pour lesquels il lui faut inventer de nouveaux critères, de nouveaux principes de droit : les siens. Sans rencontrer, en face de lui, dans le silence du politique, d'autre obstacle que celui des médias, censés refléter eux-mêmes le point de vue des élites, sinon les mentalités. Or les élites et les médias abondent dans le sens du juge, sans voir que sa pente, si rien ne l'arrête, est de codifier tous les comportements. C'est ainsi que la majorité des responsables politiques, des intellectuels et des journalistes de presse et de télévision contribue à répandre, au nom du droit, le rêve de prévention généralisée et de transparence qui, s'il s'accomplissait, ferait de chaque individu un justiciable, et qui explique pourquoi on ne s'est jamais autant réclamé du droit que dans les régimes totalitaires.

III

Le vertige de la transparence

Au commencement, Jean Starobinski l'a montré, la transparence fut un rêve de Jean-Jacques Rousseau. « Qu'il serait doux de vivre parmi nous, si la contenance extérieure était toujours l'image des dispositions du cœur », s'exclamait le philosophe, dans le *Discours sur les sciences et les arts*. Mais ce n'était, justement, qu'un rêve. Une nostalgie littéraire, tournée vers un temps d'innocence imaginaire, où la nature se serait exprimée en chaque être sans détour. Rousseau était trop intelligent pour croire à la réalité de l'état de nature. Il s'est servi de cette fiction, comme d'un cristallisoir, pour tenter de comprendre ce qui se passe dans le cœur de l'homme quand on le dépouille des opacités qui le déforment – Sartre a renouvelé, deux siècles plus tard, la même expérience, dans *Les Mots*. Ainsi, en scrutant la conscience nue, Rousseau s'est-il convaincu non que l'homme est bon, mais que son instinct le détourne du mal. Il lui est apparu que ce n'est pas la société qui fait l'homme, mais que c'est l'homme qui fait la société : le citoyen était né. Fantastique révolution des mentalités ! Aux antipodes de la transparence tribale, elle nous place au cœur du conflit. Tout le problème de l'auteur du *Contrat social* a consisté à faire en sorte que l'individu responsable, tel qu'il émergeait de l'Ancien Régime, entre en société sans que sa volonté soit aliénée par celle des autres.

Nous connaissons ses réponses, qui sont parvenues jusqu'à nous : au sentiment communautaire des origines, Rousseau substitue la logique de la réciprocité ; à l'horreur native du mal, il fait succéder l'apprentissage de la morale par l'éducation ; à l'illusion de rapports humains transparents, sans conflits, il oppose la réalité contraignante de la loi. Tel est le message fondateur, d'une parfaite cohérence, qui, mis en lumière par Kant, a fait de Jean-Jacques le père spirituel des révolutionnaires et des républicains.

Mais il est une autre filiation qui, de cette aube du citoyen, a fait, sous la Terreur, un crépuscule. C'est la postérité sentimentale de Rousseau, qui s'est montrée incapable de séparer les ordres et de distinguer, comme il le faisait lui-même, entre la pensée et la *confession*, entre la politique et la rêverie. Cette sensibilité croyait possible, en se réclamant de Jean-Jacques, de retrouver concrètement la conscience nue sous les opacités introduites par la civilisation dans les relations entre les hommes. Ce sont, selon cette utopie, les apparences qui nous condamnent. Les vices ne sont pas le fait des individus, mais de la société, qui a semé dans les cœurs la vanité, l'avarice et l'envie. Pour retrouver la douceur des origines, il suffira donc d'imposer aux citoyens des rapports de transparence. Puisque le mal est venu de l'opacité, de la transparence renaîtra le bien. Puisque c'est la vie en commun qui nous pousse à la faute, organisons la société de façon à rendre impossible la faute, imposons l'égalité et la convivialité de l'état de nature, supprimons les médiations, exploitons l'affectivité, sollicitons l'émotion, multiplions les fêtes, épurons les obscurités du langage, et nous rétablirons l'homme nu dans son authenticité primordiale. Sinon, il n'est d'autre issue que la mort. Seule la mort, a écrit Rousseau dans *Emile*, me permettra enfin « d'être *moi* sans contradiction ». On voulait ressusciter le premier homme, dans sa vérité native, on a eu la guillotine. On voulait recréer des innocents, on a fabriqué des suspects.

Sous l'utopie d'une société sans opacités, sans médiations, où les actes ne seraient pas différents des intentions, ni les choses des mots qui les désignent, a jailli ainsi, comme d'une nappe souterraine, l'idéologie identitaire qui traque les apparences, oblige l'individu à assumer chacun de ses actes, même les plus bénins, de façon à lui faire intérioriser la règle d'une société sans conflits, dont le législateur et le juge possèdent le secret. Tout ce qui s'écarte de la norme, tout ce qui manie des signes, en particulier de l'argent, tout ce qui cherche à échapper au regard de la société, sous prétexte de vie privée, entre, dans cette perspective, sous le coup d'une présomption de faute. La haine de soi du bourgeois trouve là son origine. Depuis la Terreur, le mythe de la transparence n'a plus cessé de servir d'alibi aux régimes totalitaires. L'histoire a rendu les hommes dangereux et coupables : le pouvoir les forcera, par l'organisation et le contrôle, à se surveiller l'un l'autre et à devenir de la sorte prévisibles et inoffensifs.

Rousseau pensait, comme Montesquieu, que la loi ne change pas les mœurs. L'utopie totalitaire veut fabriquer un homme nouveau. La règle, la surveillance, l'aveu sont conçus comme les moyens de recréer entre les individus l'idéal de relations *communautaires* sans malentendus, sans nuisances et sans conflits. Multiplier les codes, encadrer les conduites, obliger chacun à prouver, en toute circonstance, sa vertu, il n'est rien, dans cette représentation panoptique de l'ordre social, qui soit perçu comme la mise en place de contraintes pesant sur les libertés. Ce sont, au contraire, des modes d'organisation paisibles de la société destinés à rendre le mal impossible, à bannir le soupçon, à éliminer les privilèges, à éviter la sanction et à garantir les droits de ceux qui n'ont rien à se reprocher. Ainsi s'est organisé le réseau qui, autour de la préoccupation commune de la transparence, a relié entre elles, tout au long de ce siècle, les notions de communauté, d'exclusion et de prévention.

Le gouffre, profond mais caché, qui sépare les deux filiations intellectuelles de Rousseau – l'une, républicaine, l'autre, totalitaire – n'est pas toujours aisé à percevoir. L'opposition entre la loi et le contrôle social, entre la sanction et la prévention n'est pas d'une évidence immédiate. La sanction, dira-t-on, n'a-t-elle pas une fonction préventive ? Et la prévention n'est-elle pas, inévitablement, assortie d'une sanction ? Il faut un certain effort pour comprendre que la sanction engage la responsabilité de celui qui la subit, *après la faute* ; et qu'elle lui laisse ainsi le choix de sa conduite. Alors que les mesures préventives interviennent et cherchent à modifier les comportements, le plus haut possible *en amont de la faute*, se substituant ainsi à l'individu dans le choix de ses risques et de ses plaisirs. C'est bien pourquoi la place centrale prise par l'objectif de transparence dans notre démocratie nous semble, depuis plusieurs années, appeler une exceptionnelle vigilance.

Comment faire entendre que, si le secret et l'opacité ne sont assurément pas des valeurs en soi, l'idéologie de la transparence est un fléau pire encore, contraire aux principes sur lesquels la République a garanti les libertés ? Comment éviter que la transparence soit populaire ? Sa conception organiciste, tribale des rapports entre les citoyens correspond à la vision du monde des mouvements corporatistes et communautaires. Son fondement juridique, qui autorise la société, en la personne du juge, du contrôleur et du journaliste, à demander en permanence des comptes aux responsables, satisfait les ressentiments entretenus par la crise et les pulsions antibourgeoises latentes au sein même de la bourgeoisie. Sa logique, qui repose sur la prévention et non sur la sanction, lui donne les allures non répressives d'un régulateur social permettant, au moindre coût, de faire l'économie de la fraude et du conflit. Dans une période marquée par la crise de la souveraineté, la philosophie politique qui la sous-tend épouse le mouvement qui remet en cause la raison d'Etat.

Une fois de plus, comme pour la communauté et l'exclusion, il faut prendre garde au sens des mots. Que les citoyens soient astreints à déclarer leurs revenus, que les entreprises soient soumises au contrôle du fisc ou de l'administration de la concurrence, que les marchés publics soient surveillés, que les concours soient sincères, il n'est rien là qui ne soit normal et même nécessaire. Mais la transparence ne connaît, par définition, aucune borne. Elle suppose le regard de tous sur tous. Portée par la vague des revendications communautaristes, prônée par les experts, rendue implacable par les ambitions des juges, elle se traduit, jour après jour, par des règles, des exigences, des inquisitions nouvelles. Chacun en redemande, et tous en sont frappés. Sur les attributions de l'Etat ; sur la fonction des médias ; sur la protection de la vie privée et sur l'activité économique ; sur la liberté d'expression, la mémoire et même la langue, s'amoncellent des nuages lourds de menaces et de soupçons. Avec la bénédiction des responsables politiques. Reprenons ces termes point par point.

Les attributions de l'Etat, d'abord. Ce n'est pas ici le lieu de décrire comment, sous la pression d'une demande croissante de sécurité, de protection de la santé et de la vie, l'Etat providence est devenu, depuis la fin de la présidence de Georges Pompidou, ce que nous avons proposé d'appeler un Etat préventif. L'essentiel est de souligner que l'appareil de mesure destiné à contrôler les conduites des citoyens dans un champ de plus en plus vaste – consommation de médicaments, de tabac et d'alcool, circulation routière, accidents domestiques, urbanisme, hygiène, etc. – ne procède pas seulement des contraintes du financement de la Sécurité sociale. Mais que ces mesures ont pris, d'abord, appui sur une idéologie de l'absence de conflit. Aux rapports de civilité, qui comportent des choix et des affrontements inévitables, les associations ont préféré la « transparence » de l'organisation et des codes. Mais comme, dans un système privilégiant la non-conflictualité, il n'était pas question non plus d'accepter que la tutelle de l'Etat sur la société civile s'exerce par la contrainte, la logique du refus du conflit a conduit à instituer l'Etat comme un partenaire de droit commun, astreint à respecter la même loi que le simple citoyen et à donner lui-même l'exemple de la transparence et de la vertu.

De là, la « ruse » du Pouvoir – au sens hégélien du terme –, qui a consisté à prendre et à présenter les choix collectifs de telle façon que ceux-ci paraissent s'imposer également à tous, y compris à lui-même, par une sorte de nécessité évidente et naturelle. Dans un système dominé par le souci de neutraliser les conflits, le seul moyen de faire accepter les décisions est de laisser croire non pas que celles-ci ont été prise par tout le monde, comme dans le modèle républicain de la volonté générale, mais qu'elles n'ont été prises par personne. La multiplication des commissions d'experts, des comités d'éthique, des instances d'évaluation (et non plus seulement de contrôle) et des autorités administratives indépendantes joue un rôle central dans cette stratégie de la « chambre claire », dont les Premiers ministres de la Vᵉ République ne peuvent, apparemment, plus se passer. A l'abri de ces institutions, dont l'intervention quasi permanente sur tous les sujets de gouvernement tend à déposséder le pouvoir législatif, l'exécutif, à la fois impotent et omniprésent, devient Panurge sous le masque de M. Personne ; son discours, répercuté à l'infini par les médias, finit par occuper tout l'espace du politique, à la faveur de la dilution générale des responsabilités.

Mais de là, aussi, une extraordinaire fragilité. Car si, par malheur, le pouvoir ambitionne de changer la règle du jeu, s'il prétend restaurer sa capacité de décision et la raison d'Etat dans leur plénitude, l'obligation de transparence dont il s'est fait une règle lui revient à la face, par la voie des médias, avec une brutalité extraordinaire. M. Chirac, en décidant la reprise des essais nucléaires peu après son accession à l'Elysée, en a fait la cruelle expérience. La dissuasion nucléaire ayant fini par s'imposer, après quarante ans de paix, comme une auxiliaire de la sécurité et de la vie, cette décision n'avait rien pour être, *a priori*, impopulaire. Mais elle avait violé les procédures de la transparence. Les minorités actives se sont emparées des écrans. Les élites ont suivi, en manifestant qu'à leurs yeux la condamnation de la forme était plus importante que le fond. En riposte, le pouvoir a cru habile de publier, pour la première fois, la liste complète des essais nucléaires effectués depuis 1981, afin de montrer que la majorité des explosions avaient été ordonnées par M. Mitterrand. C'était entrer dans la logique perverse de la transparence dont on avait prétendu s'affranchir, et rabaisser la raison d'Etat dont on avait voulu se prévaloir.

La raison d'Etat n'a jamais donné au pouvoir une absolution plénière. Mieux vaut peut-être en nier la légitimité, comme l'a fait M. Jospin, candidat socialiste à l'élection présidentielle, que de l'invoquer à propos d'affaires vulgaires et subalternes, comme l'a fait un ministre de l'Intérieur, M. Pasqua, en 1986, pour justifier un passeport de complaisance délivré à un comparse de l'escroquerie du Carrefour du développement. Mais, même si l'Etat ne peut plus espérer tirer son prestige du mystère, aucune décision politique importante, qui implique le long terme, ne peut être prise de façon digne et crédible si elle doit être soumise, en toute circonstance, à l'épreuve de la « transparence », présentée par les acteurs politiques eux-mêmes comme une « garantie » de la démocratie. L'intérêt commun exige que les processus complexes, les hésitations, les stratégies qui aboutissent à une décision ne soient pas aussitôt étalés sur la place publique, au risque de compromettre les effets attendus de la décision elle-même. Imagine-t-on un joueur d'échecs révélant les arrière-pensées de sa manœuvre ? Ce serait annoncer à son adversaire le coup suivant. Ceux qui invoquent invariablement les précédents de Retz et de Saint-Simon pour justifier les violations du secret d'Etat oublient que les Mémoires du premier furent publiés près de cinquante ans après sa mort, et ceux du second plus d'un siècle après la fin du règne de Louis XIV.

On considère en général que, depuis qu'une journaliste de talent, Mme Giroud, nommée secrétaire d'Etat à la Condition féminine dans le premier gouvernement Chirac, sous le septennat de M. Giscard d'Estaing, a raconté *La Comédie du pouvoir* en 1977, le devoir de réserve qui s'impose aux serviteurs de l'Etat n'a plus cessé d'être bafoué au nom de la transparence démocratique. Mais il s'agissait d'un ancien ministre qui, bien que livrant son témoignage en journaliste, engageait sa responsabilité politique. Les exemples abondent à l'étranger. Johnson, Nixon, Margaret Thatcher, Kissinger, Carter, Gorbatchev, Andreotti se sont tous servis du genre des Mémoires pour justifier et poursuivre leur action. Une brèche beaucoup plus dangereuse a été ouverte lorsque, après 1981, ce sont des conseillers, de gauche d'abord, puis de droite, qui se sont mis à décrire par le menu « la vie quotidienne à l'hôtel Matignon » ou les conversations de l'Elysée. C'était prendre le risque de dévoiler des jugements blessants sur des personnalités politiques, ou des propos susceptibles de contrarier des chancelleries étrangères, comme le reproche en fut adressé à Jacques Attali après la publication dans son *Verbatim* en trois volumes parus entre 1993 et 1995, de confidences de M. Mitterrand et d'entretiens de ce dernier avec Mme Thatcher, Helmut Kohl ou George Bush. Le chef de l'Etat, qui avait lu le manuscrit de son ancien collaborateur, lui avait donné son accord. Il a fallu les protestations provoquées par le troisième tome pour qu'il aperçoive enfin, en le désavouant après coup, le danger de l'entreprise. Etait-ce même une contribution utile pour les historiens de l'avenir ? C'était le plus souvent ramener le pouvoir à l'anecdote. Or l'histoire n'est pas plus une série d'instantanés que le pouvoir ne se ramène à des intrigues d'antichambre. Il y a peu encore, les membres des cabinets ministériels se seraient crus déshonorés de « balancer » des informations confidentielles, ou de transmettre des archives interdites, comme celles du Conseil des ministres, dont la divulgation est monnaie courante aujourd'hui.

Cette dilution de l'Etat dans la société civile induit l'opinion à juger non plus les paroles, mais les arrière-pensées supposées, non plus les actes, mais les comportements, non plus les résultats, mais les intentions interprétées par des témoins. Le pouvoir n'est plus perçu comme étant au service de la société, mais comme *une activité privée* parmi d'autres. Avec ses propres fins, ses propres intérêts. Il n'est plus un commentateur qui, derrière les propos d'un leader politique, ne s'applique, spontanément, à décrypter les calculs de carrière et les ruses de guerre, sans laisser entendre une seconde que le propos de l'intéressé ait pu être... désintéressé. Ainsi ne voit-on plus, nulle part, des hommes d'Etat, mais uniquement des hommes de pouvoir. Le soupçon devient indissociable de leur action. Et le fait est que la prétendue transparence est devenue, entre les mains des responsables politiques et économiques, une stratégie de pouvoir, au même titre qu'hier l'opacité, avec l'alibi de la morale en plus. L'indiscrétion, la fuite calculée, ne sont pas des pratiques nouvelles. Elles sont devenues, depuis le début des années 80, une méthode systématique de gouvernement. Loin de servir la démocratie, ce défaut de civisme au plus haut niveau n'a d'autre résultat que de la discréditer.

Dans cette dérive de la transparence, les médias, et surtout la télévision, ont, bien entendu, leur part. Encore faut-il préciser laquelle. Tout instrument est comme les langues d'Esope : la pire et la meilleure des choses. Utilisée dans le champ de la politique, la télévision n'échappe pas à la règle. Ce qui est nuisible n'est pas le médium, c'est l'idée qu'on s'en fait.

Pour préciser cette idée, faisons un détour. Regardons le couple qui vient déballer son misérable petit tas de secrets sur un plateau de *reality show*, et dont les enfants seront tournés en dérision, le lendemain, à l'école ; l'inculpé qui accepte que son procès soit filmé et qui sera, par la suite, montré du doigt dans la rue ; le réalisateur qui, pour faire de l'audience, met ses moyens au service d'enquêtes de police et organise des « nuits du chasseur », spéculant sur le voyeurisme et l'instinct de délation : qu'est-ce qui les commande ? Le besoin de sortir de l'anonymat ? L'exhibitionnisme ? L'appât du gain ? Peut-être. Mais ces conduites reposent, plus sûrement, sur un certain nombre d'idées communément admises, qui prennent, aux yeux de leurs acteurs, la valeur d'une justification supérieure, et qui tiennent en un mot : la transparence.

Transparence ! proclame l'illusion selon laquelle la caméra arrache des vérités susceptibles de faire progresser la connaissance de l'homme : le paraître, pense-t-on, dit l'être. A preuve l'expression même de *reality show* et les titres terrifiants de certaines émissions relevant du genre, *Témoin n° 1*, *Bas les masques*, la très éphémère *Preuve par l'image*, dont le pendant politique fut *L'Heure de vérité*. Il n'est que de voir, sur les écrans, ces visages anonymes, pénétrés de l'importance de leurs pauvres problèmes, ou la sérénité des producteurs d'images souvent dégradantes pour mesurer à quel point la conviction d'ajouter du sens au monde et de contribuer ainsi à l'édification de leurs contemporains est, chez ces gens, naïve et profonde. Le politique, féru de « parler vrai », se persuade, de même, que sa valeur ajoutée est directement proportionnelle à sa capacité de dévoiler son fin fond.

Transparence ! revendique aussi le postulat qui reconnaît dans la télévision l'outil éminemment démocratique grâce auquel la synthèse entre l'agora des Grecs et la société de masses devient enfin accessible. Voici l'écran promu espace de débat public, lucarne ouverte sur le « village planétaire », éveillant les consciences à l'urgence de la solidarité et de la sécurité collectives, voire utilisé, au besoin, comme auxiliaire de justice, comme instrument du Bien et du Vrai.

La technique télévisuelle a, par elle-même, beaucoup fait pour propager comme une évidence l'idéologie de la transparence. Celui qui voit et celui qui est regardé n'y disposent d'aucun signal d'alarme susceptible de leur rappeler la différence entre le paraître et l'être. Celui qui épie peut « zapper », vaquer à autre chose, détailler et fouiller, jusqu'à l'obscène, les figures de l'écran, sans craindre d'être surpris. Celui qui est vu ne sent pas davantage le regard qui se pose sur lui. La télévision élimine les mécanismes d'alerte qui fonctionnent dans les rapports sociaux et qui, à travers la honte et la pudeur, éveillent chaque individu à la conscience de sa dignité, au refus de borner son être à une apparence.

C'est ainsi que celui qui voit se persuade d'atteindre le fin fond de celui qui est vu, tandis que ce dernier, n'ayant pas à subir la gêne du regard d'autrui, mais sachant que ce regard existe, croit possible de donner le « tout » de lui-même, non en comédien, mais comme personne. La politique, telle qu'elle s'exprime à la télévision, ne se perçoit plus comme un art de persuader, mais entend être, tout entière, du côté de la sincérité. Au bout du parcours, le critère décisif servant à juger une politique devient la vertu de celui qui parle, attestée par son « authenticité ». Il en résulte une conception sentimentale de la politique, aussi éphémère que les émotions « morales » qu'elle inspire.

Erreur donc que le postulat d'un « sens » ajouté au monde : quand tout prétend faire sens, plus rien n'en a. La transparence tue la vérité. Un processus instable d'identifications successives se substitue au principe raisonné de l'adhésion, que les sondeurs s'obstinent à mesurer. C'est le triomphe de l'abbé Pierre : il n'est plus question de vouloir la Justice, mais de l'aimer. Plus question de discuter une idée politique, mais d'éprouver à son égard, et à l'égard de ceux qui la défendent, des sentiments d'hostilité ou de sympathie. La hiérarchie de l'affectif tient lieu de hiérarchie des valeurs. Une larme, une invective deviennent un « message », au même titre que naguère un discours de Jean Jaurès ou d'Edouard Herriot.

Erreur, également, d'avoir cru trouver dans l'écran l'équivalent de l'agora des Grecs, adaptée aux sociétés de masses. L'homme politique qui passe à la télévision s'adresse, c'est bien connu, à une seule personne à la fois. Son public n'est pas un groupe, pour ainsi dire un morceau de volonté générale, mais une somme arithmétique d'individus isolés. Par rapport à une élection grandeur nature, c'est la grande faiblesse des sondages par téléphone ou par Minitel. Considérée sous cet angle, la différence entre le téléspectateur et le lecteur de journal est énorme. Acheter un journal est, déjà, en soi, un acte de solidarité. Le déclin de la presse en France, qui frappe notre pays plus lourdement que ses voisins, et plus encore la presse nationale que la presse régionale, s'explique en partie par la tendance de tous les « supports » à se ressembler. L'auditeur qui « zappe » fait, lui, un geste sans conséquence, qui vaudra peut-être sanction le lendemain, si l'homme politique se trouve pénalisé par un faible taux d'écoute, mais qui n'est pas susceptible de faire émerger, face à son discours, l'organisation d'une adhésion ou d'un refus. Les hommes politiques, les sondeurs et les journalistes ont appris, à la longue, à ne plus confondre leur audience avec leur électorat. Pas assez pourtant, pour que leur action, leurs choix, se détachent de cette audience. L'un des principaux contresens induits par la télévision dans la politique moderne est la propension de ceux qui gouvernent à s'aligner sur les sondages, comme s'il s'agissait de votes.

Loin de recréer les convivialités de la participation communautaire, la télévision, conçue comme un instrument de transparence politique, aboutit ainsi à l'inverse du but poursuivi, et aggrave les méfaits de l'individualisme tribal. L'ordre communautaire de l'Ancien Régime absorbait la sphère privée dans la sphère publique, au détriment de la première. L'individualisme tribal dissout la sphère publique dans la sphère privée, au détriment de l'une et de l'autre. D'un côté, il tend à soumettre la politique à des catégories qui sont celles de la consommation, des intérêts catégoriels, des critères du droit privé, de la technique et du jeu. Le sens collectif ne se dégage plus du débat public. C'est dans ce vide que les revendications des groupes font entendre leurs appels à l'émotion, à la compassion, à la crainte. Et que le discours des experts et des juges impose son autorité sans contrepartie.

D'un autre côté, la sphère privée, envahie par une sphère publique qui a pris son visage, n'a plus de contours ni de contenus qui lui soient propres. La consumérisation et la culturalisation de la politique n'ont d'égale que la politisation du consumérisme et de la culture. Quand le politique « vend » sa marchandise en jouant du saxophone, le marchand de saxophones vend, avec cet instrument, une « idée » politique. Quand le « parler vrai » de l'homme public consiste à parler de ses goûts, de sa femme, de ses enfants, l'exhibition par le simple particulier de sa vie privée dans les studios de télévision devient un moyen de conquérir une légitimité. Quand le regard omniprésent des caméras donne au téléspectateur intellectuellement le moins armé le sentiment de *lire* à livre ouvert dans l'âme de ses dirigeants ou de déchiffrer le monde, l'objectif braqué sur les êtres et les choses cesse d'être pris pour ce qu'il est – un capteur d'apparences – pour être considéré comme un auxiliaire de la démocratie et de la culture. C'est ainsi qu'il peut devenir l'instrument d'un viol, doublé d'un mensonge.

A défaut de l'agora des Anciens, le *panoptique* de Bentham – cette prison-observatoire idéale, conçue, à l'échelle de la société tout entière, comme une technique d'intériorisation préventive des normes par les individus sous le regard de leurs surveillants – aura trouvé ainsi, dans les médias modernes, les moyens de sa réalisation. L'incroyable tolérance de la C.N.I.L., puis du législateur et du Conseil constitutionnel à l'égard des caméras de vidéosurveillance placées sur la voie publique et appelées à devenir, grâce à une loi « d'orientation » du 21 janvier 1995, un outil réglementé, mais incontrôlable, de pression sur les personnes, prolonge l'état d'esprit qui permit au régime de Vichy de mettre fièrement à la disposition de l'occupant des fichiers administratifs dignes de notre grande tradition bureaucratique. Les caméras sont un moyen de détection si performant de la délinquance pour la police et pour les maires ! Peu importe que leur prolifération, ajoutée aux contrôles d'identité, ne garantisse plus au passant l'anonymat qui lui permettait de sauvegarder sa vie privée hors de son domicile et de rester un homme libre dans la rue. « Aller à contre-courant du progrès technique ne suscite souvent que ricanements et déboires », note, avec ce savant dosage de fatalisme et de regret qui fait le charme de notre fonction publique, une responsable de la CNIL, institution à laquelle, de toute façon, le législateur a retiré toute compétence en la matière. Pour notre part, nous ne nous y faisons pas.

Notre civilisation est entrée dans l'ère de ces Caméscopes, chefs-d'œuvre des technologies de la transparence, que, par une journée d'août 1994, des touristes pointaient en direction d'une femme en train de se noyer, alors que celle-ci tentait de sauver sa fille, dans la baie du Mont-Saint-Michel. En toute bonne conscience : quelqu'un avait prévenu les secours. Les amateurs de vérité vécue ont pu voir ce document, diffusé à l'heure des informations sur une chaîne de télévision publique. Dans l'ordre apaisé de la transparence, l'obscénité disparaît avec la pudeur. On ne compte plus, dans les rues, les Caméscopes qui, braqués sur nous, s'emparent de notre image à notre insu, sans que personne n'y attache d'importance, comme si nous faisions partie du mobilier urbain. M. Tapie a été condamné par un tribunal pour la seule bonne action qu'il ait, à notre connaissance, jamais accomplie de sa vie : avoir jeté une caméra de télévision à la mer. De sa part, c'était, il est vrai, un peu ingrat.

Etait-il donc si difficile aux responsables politiques de résister à la peur que la télévision leur inspire, et de comprendre que c'est, beaucoup, par leur faute que les écrans renvoient d'eux – et de la société en général – une image aussi grossière et insultante ? La faute ne tient pas à ce qu'ils sont. Elle réside dans l'illusion entretenue par la plupart d'entre eux de faire passer à l'image ce qu'ils sont. La mode est à faire, sur ce sujet, le procès des journalistes. Mais les journalistes obéissent à la logique de toute corporation, que nous avons rencontrée même chez les juges : ils vont le plus loin possible dans le sens de leurs intérêts, et il leur faudrait beaucoup de masochisme pour se plaindre de la transparence. Leurs errements sont les miroirs d'un esprit public désorienté. Ce n'est pas à eux de le réformer – bien que la plupart soient d'un niveau comparable à celui de leurs meilleurs concurrents étrangers. Informer n'est pas former. Divertir n'est pas convertir. Les lois économiques qui régissent la communication ont au moins l'heureux résultat de les en dissuader.

Si les images qu'ils montrent, les affaires sur lesquelles ils s'acharnent, leur complaisance au vulgaire, voire à l'ignoble, donnent souvent des raisons de juger certains d'entre eux avec sévérité, la faute principale n'en incombe ni à eux ni aux lois prétendument crétinisantes du libéralisme économique – qu'infirme la qualité des chaînes culturelles aux Etats-Unis –, mais à l'idéologie que nous nous attachons à décrire et dont la télévision est un rouage important, mais non le premier moteur. Une chaîne publique composée uniquement de professeurs au Collège de France et de prix Nobel dirait sans doute mieux les choses. Mais, pour être plus élégantes ou plus ennuyeuses, les concessions de cette chaîne idéale au « politiquement correct » ne seraient, quant au fond, guère différentes. Les sociologues de la communication qui, tels Gianni Vattimo ou Régis Debray, voient dans la machine médiatique l'origine de l'explosion communautaire et de la transparence prennent, à notre sens, l'effet pour la cause. Les premiers responsables de cette dérive sont les élites – politiciens, intellectuels et experts – qui accusent le « pouvoir » médiatique de s'être emparé de la société – alors que la société est livrée à ce « pouvoir » par leur propre discours. Les médiateurs sont, comme leur nom l'indique, de simples courroies de transmission. Ne leur en demandons pas trop. « Le monde serait depuis longtemps sauvé, notait le philosophe Léon Brunschvicg, si la qualité des hommes pouvait dispenser de la qualité des idées. » On peut, en revanche, demander aux intellectuels et aux politiques, qui se sont assigné une fonction conductrice dans la Cité, d'avoir des idées.

La télévision, dont la vocation première est le divertissement et la fiction, et dont l'utilité seconde est l'éducation, ne peut être, pour le politique, qu'un lieu de prise de parole. Pour le reste, le véritable espace du débat préalable à la délibération parlementaire se déploie dans la presse et à la radio. C'est là que peuvent être portés les indispensables coups d'arrêt aux offensives qui ravalent les motivations des hommes politiques à des combinaisons d'intérêts et à des rivalités de pouvoir. C'est là, et dans la qualité des décisions prises, que doit s'organiser la résistance à la tyrannie de l'image. A rien ne sert d'aggraver les sanctions pénales contre les atteintes au respect des personnes, à la vie privée, à la présomption d'innocence – même si les peines en ces matières sont insuffisantes. Les lois existantes – l'article 38 de la loi du 29 juillet 1881 sur la liberté de la presse, interdisant la publication des actes de procédure criminelle avant l'audience publique, la loi du 17 juillet 1970 protégeant la vie privée – même à l'occasion d'affaires judiciaires en cours – ne sont pas appliquées. A rien ne sert, non plus, d'élaborer des codes de déontologie, condamnés d'avance soit à faire double emploi avec les lois existantes, soit à servir d'outils de propagande et à déresponsabiliser les journalistes en soumettant ceux-ci au contrôle de leur corporation, comme au temps des ordres professionnels vichystes. Nous en avons assez dit pour que, en matière de libertés, le recours au juge et aux petits chefs ne s'impose pas comme une panacée. Aucune loi ne sera efficace, aucune peine ne sera dissuasive si l'esprit public ne suit pas. Pour cesser d'être toute-puissante, la télévision doit trouver en face d'elle d'autres types de discours, d'autres modèles de comportement.

Mais là aussi – pour en venir à notre troisième point – le bât blesse. Si importante qu'elle soit, l'image n'est que la manifestation la plus visible des agressions qui, en s'attaquant à la vie privée, font reculer les bornes de la liberté. Le sens de la liberté ne se divise pas. Il commence par le respect que les individus ont d'eux-mêmes. Il suppose que les citoyens chargés des plus grandes responsabilités commencent par donner l'exemple de la dignité, laquelle ne repose pas sur l'exhibition de la vertu, mais sur la pudeur. Or l'idéologie de la transparence dont ils se sont fait une morale les place dans les pires conditions pour assumer ce rôle. Quand, le 11 mars 1988, fut voté un texte obligeant le président de la République, les parlementaires, les présidents des assemblées régionales et départementales et les maires des villes de plus de trente mille habitants à déclarer leur patrimoine – les élus nationaux auprès du bureau de leur assemblée, les autres auprès d'une commission de magistrats –, la classe politique s'est engagée dans un engrenage dont les effets destructeurs crevaient les yeux. Ces hommes et ces femmes, qui obéissaient, pour la plupart, à des considérations estimables, étaient persuadés que leur sacrifice allait mettre un terme au soupçon. Lesquels, parmi eux, se sont aperçus qu'ils ouvraient ainsi les vannes de l'inquisition et du ressentiment ? Nous avions été frappé, en 1975, par la remarque d'un écrivain fraîchement venu d'Europe centrale qui, apercevant en couverture d'un hebdomadaire l'annonce d'une des toutes premières enquêtes sur les revenus des hommes politiques, nous a déclaré avec effarement : « C'est comme cela que, chez nous, tout a commencé. » Le plus sordide, peut-être, de cette enquête était les réponses embarrassées des élus interrogés, qui seraient morts plutôt que d'avouer qu'ils étaient riches et que leur cadre de vie était beau. Vingt ans après, l'état d'esprit est demeuré le même. Dans des confessions dont le titre nous comble – *Les Blessures de la vérité* –, Laurent Fabius, issu d'une famille de marchands de tableaux renommés, explique, en 1995, que, chez lui, on « ne menait pas grand train de vie » et que la « maison », située près du Trocadéro, avait un intérieur « vieillot, avec des tableaux souvent beaux disposés à la vacomme-je-t'accroche ». Ce besoin de s'excuser d'être soi, insupportable à notre romancier exilé, lui remettait soudain en mémoire, vingt ans après, les comités de quartier, les dénonciations, les autocritiques et, pour finir, les élites à la recherche d'un passeport.

Les députés et sénateurs de gauche, mais aussi de droite, qui ont voté le texte de 1988 avaient les meilleures intentions du monde. Ils voulaient prouver que ceux qui ont la charge de l'Etat ont plus de devoirs que les autres, et que la femme de César doit être irréprochable. Il leur fallait donc accepter de rendre plus de comptes que les autres, et d'ouvrir des brèches dans leur vie privée. Les prémisses étaient indiscutables. Les conclusions étaient l'inverse de ce qu'il fallait faire. La transparence des revenus et des patrimoines convient aux Etats-Unis, où l'argent est considéré par la majorité comme une valeur ; elle est jugée normale dans les pays scandinaves, où le contrôle social est consubstantiel aux structures communautaires. La conception républicaine de l'autonomie de la personne, de l'égalité devant le droit et de la sanction se situe aux antipodes d'un texte qui ne reconnaît, dans l'individu, que son être social, qui fait varier le droit selon le statut et qui met l'accent sur la prévention – comme si la priorité était de protéger la société contre l'individu, et non l'individu contre la société.

La loi de 1988 ne pouvait manquer d'entraîner – et a entraîné – deux effets pervers. Le premier a été l'aggravation de la méfiance pesant sur les élus. Pour que ces derniers aient éprouvé à ce point le besoin d'opposer des barrières entre la tentation et eux ;

pour qu'ils s'obligent, de façon aussi ostentatoire, à faire la preuve de leur honnêteté, fallait-il qu'ils fussent vulnérables ! La sincérité des déclarations de patrimoine ne pouvait manquer d'être suspectée. Des pressions n'ont cessé, depuis, de se manifester pour demander que ces déclarations soient rendues publiques – comme c'est déjà le cas pour le patrimoine du chef de l'Etat. La gauche avait fait son cheval de bataille de cette exigence lors de la discussion de la loi. Une surenchère panique a conduit certains élus, venus surtout de l'extrême centre, à envisager que l'obligation de transparence porte également sur le patrimoine des femmes et des enfants des parlementaires. Dieu, que la politique serait jolie dans une société sans opacité ni conflit ! On sait, au XXe siècle, où cette illusion lyrique a conduit.

Le second effet pervers de cette loi de justice et d'amour n'était pas moins prévisible : il a provoqué un sentiment de frustration chez les élus – et, à leur suite, chez la plupart des décideurs –, tandis qu'il favorisait, de la part de leurs adversaires, la banalisation d'un état d'esprit d'inquisition. La frustration est apparue en pleine lumière lors des débats parlementaires de décembre 1994, qui ont étendu la déclaration de patrimoine aux dirigeants des entreprises nationales, des établissements publics industriels et commerciaux, des organismes d'H.L.M. gérant plus de deux mille logements et des sociétés d'économie mixte dépassant un chiffre d'affaires annuel de cinq millions de francs – liste que nous évoquons seulement pour montrer qu'elle est indéfiniment extensible. Et allonger cette liste, tel était bien, en effet, le projet des députés qui, au cours de la délibération du 15 décembre, exprimèrent l'intention d'étendre le devoir de déclaration aux fonctionnaires. Pris de court, le ministre de la Fonction publique répondit qu'« il serait très fâcheux de suspecter par avance les fonctionnaires d'indélicatesse ». « Et les parlementaires, alors ? » s'écria, avec un haut-le-cœur, un député des Hauts-de-Seine. Sur quoi, une socialiste, applaudie par le R.P.R., protesta : « Nous nous autoflagellons depuis des jours et nous serions les seuls à être désignés du doigt à l'opinion ? » Il était temps de s'en apercevoir. Mais l'aveu le plus révélateur est venu d'un député des Yvelines qui, se tournant vers le ministre, lui lança : « C'est le *lobby* de la fonction publique ! » Que ce parlementaire se rassure. Il est infiniment probable que le « *lobby* » de la fonction publique finira par s'incliner – pourvu que la corporation des professions libérales cède à son tour. On ne pouvait mieux mettre en évidence la logique de culpabilisation qui, de proche en proche, conduit les demandes des groupes à s'aligner sur les exigences des plus radicaux. Il faudrait une résistance d'acier pour empêcher qu'à terme la loi n'impose à tous les citoyens l'affichage de leur feuille d'impôt.

Catastrophiques dans le champ de la politique, les frustrations engendrées par la transparence ne le sont pas moins dans le domaine de l'économie. L'expérience a montré que, dans les entreprises, la revendication s'exaspère, quand chacun sait qui gagne quoi : une insatisfaction qui n'aurait peut-être jamais songé à se manifester croît en raison directe des dissentiments entre les personnes. En revanche, il est utile, et c'est pour tous une incitation puissante, que l'échelle des salaires soit connue. Le même raisonnement vaut pour les stratégies des grandes entreprises. La transparence exigée de manière de plus en plus agressive par les associations de petits actionnaires, multiplie les frustrations à court terme au détriment du long terme – ce qui fera d'eux les premières victimes –, et déstabilise les patrons des grands groupes, auxquels ce harcèlement ôte les moyens de leur politique. En se faisant les instruments de ces associations, les juges, dont beaucoup sont animés par des ardeurs anticapitalistes, contribuent paradoxalement à rapprocher le modèle européen de gestion, qui vise le long terme, de la forme plus contestable du capitalisme, obsédée par la rentabilité immédiate, qui domine aux Etats-Unis. Le fait que les campagnes pour la transparence deviennent des armes utilisées par les groupes internationaux pour se déstabiliser les uns les autres, n'arrange pas les choses.

Qu'il faille en finir avec le patron français de droit divin, maintenu en place en dépit d'échecs colossaux, est une évidence. Mais, à l'intérieur comme sur le plan international, ce n'est pas une affaire de transparence. Au nom de la transparence, les patrons s'abritent derrière des codes de déontologie qu'ils imposent à leurs salariés et qui ne font que renforcer leur propre pouvoir. La remise en cause du patronat traditionnel est une affaire de contre-pouvoirs au sein des conseils d'administration. Ces derniers avaient besoin d'être réveillés : la concurrence étrangère s'en charge. La lutte contre la corruption nationale est une affaire politique : si l'Etat, en France, intervenait moins dans l'économie, les entreprises chercheraient moins à le corrompre en vue d'augmenter leurs profits. Les affaires ont culminé avec la vogue de l'économie « mixte ». On s'acharne à créer de nouvelles règles de droit et de nouveaux organes de surveillance, quand il faudrait déréglementer et privatiser. Quant à la corruption internationale, ce n'est pas une organisation non gouvernementale, si bien intentionnée soit-elle, comme Transparency international, créée à Berlin en mai 1993, qui en viendra à bout. On voit mal à quelle impartialité pourraient prétendre les palmarès de bonne conduite publiés tous les ans par ce club de grands patrons et financiers influents. Cet immense problème requiert des moyens de négociation et de pression avec les pays corrompus, qui sont du ressort des Etats et des institutions internationales.

Le résultat le plus sûr de l'obsession de la transparence est de banaliser l'inquisition. L'éthique de la responsabilité ne pèse pas très lourd, quand elle est passée au crible de l'éthique de la conviction. Tout devient suspect. Tout est matière à enquête, à plainte, à inculpation. Les vrais scandales se dissolvent dans le torrent d'une épuration permanente. Peu importe qu'un maire ait concédé un marché dans les conditions les plus favorables à ses administrés, si la sainte transparence révèle que le groupe bénéficiaire est dirigé par un sympathisant politique qui l'a, par ailleurs, aidé. Peu importe qu'un ministre soit compétent, efficace et intègre s'il apparaît qu'il jouit de certains privilèges, codifiés par l'usage, mais non par la loi, destinés à lui permettre de tenir son rang. Peu importe qu'un patron fasse gagner des milliards à sa société, si l'on apprend qu'il perçoit, avec l'accord de ses administrateurs, des avantages en nature entrant dans la catégorie de l'abus de biens sociaux. Au cas où aucune plainte n'est déposée contre eux, c'est bien le diable si les ennemis du maire, du ministre ou du patron ne parviendront pas à susciter le recours d'une association. Et si aucune association ne se manifeste, un juge et au besoin le ministère public ira les chercher, pour les conduire au bûcher. On se demande avec intérêt quand viendra le tour des notes de frais des cadres supérieurs, les places d'opéra gratuites des comités d'entreprise, les billets d'avion à tarif réduit des syndicats et les congrès universitaires à Rio de Janeiro.

Il est dans la nature de la transparence – et c'est notre dernier point –, que rien n'échappe à sa juridiction. Le propre des idéologies étant d'unifier le monde, celles-ci ne distinguent pas entre les ordres. Les critères de contrôle, de purification éthiques qui s'appliquent à la politique et à l'économie valent aussi pour la liberté d'expression, la langue, la recherche scientifique, la mémoire. Dans tous ces domaines, le dérapage idéologique est flagrant. Le culte de la transparence conduit à poser en principe, avons-nous dit, l'identité du paraître et de l'être, du fait et de l'intention, du mot et de la chose. Cela signifie que, de même qu'il rejette la distinction entre le public et le privé, rien ne lui est plus insupportable que la complexité du réel, les subtilités du langage, les incertitudes du « savant », les opacités de la mémoire. L'idéologie de la transparence est allergique aux mœurs, à l'histoire, au roman. Sa vision du monde est manichéenne : les bons sont tout bons ; les méchants, tout mauvais. Jugeant l'être sur les apparences, elle privilégie l'expérience sensible et l'émotion par rapport à la raison. Allergique au conflit, elle hait autant la violence symbolique des mœurs et des mots que la violence du réel ; moyennant quoi, elle légitime l'emploi de la violence réelle – de la censure judiciaire, de la prison – contre les violences symboliques qui ne correspondent pas à son rêve, pour arracher l'aveu, l'autocritique, et condamner, en toute hypothèse, le contrevenant à une espèce de mort civile faite de discrédit et d'humiliation. Persuadée, enfin, de la nécessité de sonder les reins et les cœurs de tous ceux qui exercent des responsabilités sociales, elle n'est arrêtée par aucune frontière. L'article 8 de la Convention européenne des droits de l'homme a ouvert à ses prétentions un champ inespéré en disposant que l'ingérence de l'autorité publique dans la vie privée des personnes pouvait être prévue par la loi non seulement pour des raisons de sécurité, de défense de l'ordre et de protection des droits et libertés d'autrui, mais également au titre du « bien-être économique du pays » et de la « morale ».

Le langage de la transparence est nominaliste : un mot suffit à vous damner ou à vous sauver. Ce qui signifie, en clair, que tout ce que vous dites est retenu contre vous. Le nominalisme ne va pas sans l'amalgame : tout est lié. Si vous tenez tel discours, vous êtes nécessairement solidaire de tel parti, de tel camp. Et mis en demeure de vous en désolidariser. Donnez, par exemple, à lire à des étudiants d'aujourd'hui, qui baignent dans cette atmosphère purificatrice, la dernière page des *Grands Cimetières sous la lune*, de Georges Bernanos. Eh quoi ! Celui-ci évoque les croisades, parle de chevalerie et d'honneur, en appelle à Jeanne d'Arc ! Il n'en faut pas plus pour que ses jeunes lecteurs classent Bernanos chez Le Pen et fassent d'un des pamphlets les plus forts écrits contre la barbarie fasciste une apologie du franquisme. Il n'est plus un texte qui ne soit passé à ce crible. Et dont l'auteur ne soit ou condamné, ou contraint de se prosterner.

Les sociétés transparentes sont des sociétés de donneurs de leçons, autrement dit des sociétés sans humour. L'humour est un art de civiliser le conflit pour rappeler sa présence dans le monde. Il fait partie des procédures, telles que la bipolarisation politique ou le sport, par lesquelles une société apprivoise la violence en la codifiant. Norbert Elias a eu raison d'apercevoir dans les débordements des hooligans sur les stades une conséquence de l'horreur contemporaine du conflit, un symptôme de l'incapacité de nos sociétés en crise de maîtriser les formes ritualisées de la violence. En évoquant, sur le mode du rire, les injustices, la bêtise et les cruautés du réel, l'humour remplit la fonction d'intériorisation des conflits, de *controlled decontrolling of emotions* qui est au fondement de toute culture libérale. Ce n'est pas un hasard s'il a culminé dans l'Angleterre parlementaire. Et si sa décadence actuelle, indissociable des autres séquelles de la crise du politique, se traduit par des effets comparables, toutes proportions gardées, à la violence des stades : la dégradation de l'humour, dévoyé dans la fonction inversée d'exutoire au niveau de la blague ordurière – les Guignols de l'info faisant peser sur tous ceux qui ont le malheur d'être des personnages publics, une dérision énorme, souvent injurieuse – ; et, hors de cet espace, la mort de la conversation, l'incivilité, le malentendu structurel, le procès. L'histoire anglaise, racontée par André Maurois, de cet Indien de l'époque coloniale qui, voyant les Anglais payer pour chaque singe que les indigènes leur laissaient abattre, fait grimper sa femme dans un arbre, est de l'humour. Les « histoires » belges, juives ou arabes sont de l'humour. La plupart, aujourd'hui, seraient susceptibles de conduire à un juge. En rire n'a jamais signifié que l'on prenne le parti du racisme, de la cruauté et de la bêtise, mais, au contraire, qu'on en défie la peur. L'humour, en équilibre sur un fil, est toujours un exercice périlleux. C'est du vivant plaqué sur du tragique. Il suppose, de la part d'autrui, un minimum de bienveillance, et, surtout, d'intelligence. Il demande à l'autre d'admettre que mon être ne coïncide pas avec cette apparence, ni la réalité avec mes mots. Bref, de comprendre que l'humour est une pudeur.

Si l'autre ne le comprend pas, il faut battre en retraite, et balbutier un pénible : « Je plaisantais. » Du moins cela suffisait-il, naguère, pour arrêter le jeu. Le droit s'en mêle, aujourd'hui, sous la pression des communautés, corporations, sectes, associations d'« exclus », qui, confondant l'humour et l'injure, prennent l'imprudent au mot, l'obligent à réparation.

Pour éviter de tels dérapages, la loi, dans sa sagesse, s'était contentée de réprimer l'injure. La loi de 1972, déclarant illégale toute discrimination raciale, était restée dans ce cadre. En interdisant les *propos* racistes, la loi Gayssot de 1990, qui fut, dès sa naissance, critiquée à gauche autant qu'à droite – notamment par le président de la République –, substituait la répression à un domaine qui était considéré jusqu'alors comme relevant des rapports de civilité et de la persuasion politique.

Le résultat, sur le terrain de la lutte contre le racisme, est totalement inefficace. La presse d'extrême droite n'est pas moins raciste, sous prétexte qu'elle use maintenant de périphrases, dont ses lecteurs s'enchantent avec une délectation de gourmets. Sur le plan de la liberté d'expression, en revanche, les dégâts sont considérables. Dans un pays dont le système juridique, déstabilisé, cumule les inconvénients du modèle procédurier, à l'américaine, et de l'inculpation par le ministère public, à la jacobine – qui est épargnée aux Américains –, il est de plus en plus difficile d'ouvrir la bouche hors de la présence de son avocat. Si une association ne porte pas plainte, c'est un procureur qui s'en chargera : M. Bouvard, poursuivi par le parquet parce qu'un des collaborateurs de son émission « *Les Grosses Têtes* » avait enfreint le nouveau bien-penser avec des peccadilles en a fait, durant l'été 1995, la cruelle expérience. Au pays de Rabelais, on ne peut plus divertir sans avertir. Certains amuseurs de la télévision comme M. Sébastien en arrivent à donner, pour se couvrir, un droit de réponse, en direct, sur leur plateau. Et encore ces honteuses prudences, ces navrantes reculades ne sont-elles même plus jugées absolutoires par ceux qui ne disent plus le droit, mais leur droit. Il faut croire que ces *fatwas* en toge ne s'appellent pas de la censure, et que l'idéologie qui les anime n'est pas de l'intégrisme, puisque plus personne, pas même les victimes, n'a le courage de s'en plaindre.

Cet avatar de la transparence est typique de l'ordre moral que nous voyons grandir, avec effroi, depuis plusieurs années. Engendré par la radicalisation des demandes communautaires et par la peur du moindre déplaisir, du moindre conflit, il n'a rien à voir avec la morale. Si l'on en doute, une récente affaire, révélée en juillet 1995, en a apporté l'écœurante démonstration. Un secrétaire d'Etat du gouvernement Juppé, Jean de Boishue, par ailleurs professeur agrégé de russe, a été poursuivi pour un livre médiocre, *Banlieue, mon amour*, dans lequel il croyait désamorcer par l'humour la réalité de la délinquance urbaine. Son humour pesait des tonnes. Des expressions qui se voulaient affectueuses, comme l'évocation du « nez épaté » d'un Noir mort à la guerre ou des « petits bicots » errant dans les rues, relevaient d'un genre chansonnier, « bête et méchant » que l'on n'attend pas d'un ministre. Mais le contexte témoignait que l'auteur n'avait aucune intention injurieuse. Sa critique de l'exploitation de la sous-culture des banlieues par les intéressés, les producteurs de disques, quelques ministres et les belles âmes était même salutaire. Une campagne politique contre le ministre était légitime. Elle a été à peine amorcée. Le scandale fut le recours au droit.

Un « rappeur » qui s'était reconnu dans un des portraits du livre a porté plainte. SOS-racisme a suivi. L'affaire s'est soldée par une indemnisation à l'amiable, et SOS-racisme allait accepter, en prime, le versement des droits d'auteur, confortablement surévalués, de l'ouvrage diabolique, si le scandale provoqué par la nouvelle dans l'opinion ne l'avait obligé à y renoncer. Telles sont les aberrations auxquelles conduit, sur les ruines de la liberté d'expression, ce que Jean-Denis Bredin appelle « le mépris du droit ».

Cela dit, si le procès avait abouti devant un tribunal, on plaint les juges qui auraient eu à trancher. Car enfin, par la faute de leur songe froid de transparence, voici les juges contraints de faire de l'explication de texte. En 1992, à propos de l'affaire de l'ancien milicien Paul Touvier, les magistrats de la chambre d'accusation de la Cour de cassation ne se sont pas grandis en s'estimant habilités à récrire, du commencement à la fin, la véridique histoire du régime de Vichy. En 1995, des juges, saisis par une plainte de la « communauté » arménienne contre l'islamologue Bernard Lewis, qui avait repris à son compte, dans *Le Monde*, de façon scandaleuse, la thèse turque réduisant le génocide des Arméniens à un acte de guerre, auraient eu à décider du point de savoir dans quelle mesure ce génocide se compare à la Shoah, s'ils n'avaient été sauvés par la remarquable plaidoirie d'un avocat, Me Devedjian, qui leur a fait remarquer que M. Lewis, en sa qualité d'historien, aurait dû informer ses lecteurs de l'existence d'une thèse contradictoire.

Il ne suffit pas, pourtant, que les contrôleurs se fassent exégètes et historiens. Il faut aussi qu'ils soient lexicologues : la transparence totalitaire implique le gouvernement des mots. En 1994, un ministre de la Culture, inquiet des progrès de l'anglo-américain, a voulu mettre, par une loi, le français sous surveillance. La langue, a-t-il plaidé, a toujours été, en France, une affaire d'Etat. C'est vrai. Encore faut-il connaître un peu l'histoire. Depuis l'ordonnance de Villers-Cotterêts de 1539, l'Etat a forgé l'unité nationale en faisant du français la langue de la justice, des actes publics puis de l'école. Bref, l'Etat a imposé la langue à la loi, non sa loi à la langue. C'est ainsi que le français a pénétré dans les chaumières. Avec l'Académie française, fondée en 1635, la monarchie a confié la garde du français à la société civile, sans autre mission que de confronter la tradition avec l'usage et de donner des avis. Plus près de nous, le Haut Comité pour la défense et l'expansion de la langue française (1966) est resté un simple organe consultatif. En 1972, un premier pas était franchi. Un décret instituait des commissions de terminologie auprès des administrations centrales, afin d'établir la liste des « néologismes officiels » employés par les services. L'Etat était pris par la démangeaison de fixer le bon usage. Mais il ne se l'imposait encore qu'à lui-même.

Il a fallu attendre 1975 et une loi Bas-Lauriol d'origine parlementaire pour que l'Etat, débordant de sa sphère, empiète sur le secteur privé et s'arroge le droit de réglementer l'usage de la langue dans les entreprises et les médias. Le texte, qui vaut d'être cité, prohibait « le recours à tout terme étranger, lorsqu'il existe une expression ou un terme approuvés dans les conditions prévues par le décret n° 72-19 du 7 janvier 1972 ». Les infractions, assorties de lourdes pénalités, étaient soumises au droit commun de la répression des fraudes. Il suffit d'imaginer un instant les inspecteurs de la concurrence et de la consommation occupés à éplucher, dans les entreprises, les règlements intérieurs, les catalogues et les modes d'emploi, la liste du décret n° 72-19 à la main, pour mesurer l'énormité de cette bouffonnerie. Le texte de 1975, considéré par les juges comme inapplicable, fut rapidement oublié. C'est lui pourtant que la loi Toubon a ressorti presque mot pour mot, en l'étendant aux activités universitaires, en aggravant les sanctions prévues et en encourageant, *de facto*, les associations à faire assaut de plaintes et de procès. La principale excuse invoquée en faveur de ce redoutable *come back* était l'urgence. Nous serions en état de colonisation culturelle par rapport à la puissance économique américaine. L'argument n'était pas infondé. Mais qui obligeait, au même moment, l'administration des postes à baptiser ses plans d'épargne *Authentics* ? Pour interdire au C.N.R.S., institution publique, ou à l'Institut Pasteur de publier certaines de leurs revues en anglais, était-il besoin d'une loi ? Pour développer nos propres banques de données, fallait-il limiter la possibilité octroyée à nos chercheurs d'utiliser les sources américaines, comme le proposait le législateur ? Ce texte se voulait l'affirmation d'une « volonté politique ». Il contenait surtout l'aveu de l'incommensurable faiblesse de l'Etat, contraint de s'abriter derrière une loi pour se faire obéir de ses propres services.

Il n'y aurait pas eu lieu de craindre une colonisation si nous ne nous étions d'abord fait une mentalité de colonisés. La France n'est pas le Québec, ni l'Algérie, dont les mêmes intellectuels qui soutenaient le texte de M. Toubon avaient déploré, deux ans auparavant, les décrets défensifs contre l'influence du français. Il est vrai que ceux-ci s'étaient élevés avec la même ardeur contre la réforme de l'orthographe décidée sous le gouvernement de M. Rocard, comme si le volontarisme linguistique pouvait être mauvais dans un cas et bon dans l'autre. Pour résister à un modèle culturel, le seul moyen est d'avoir confiance dans le sien. C'est affaire d'éducation et de politique générale. Aucune loi ne peut empêcher les téléphonistes de demander à leur interlocuteur : « puis-je vous aider ? », ni les employés du métro d'annoncer : « *votre* attention, s'il vous plaît », formules traduites de l'américain. Une fois de plus, l'idéologie de la transparence amenait à confondre le mot avec la chose. Ce n'est pas parce que l'on interdisait l'usage de l'expression *fast food*, que l'on empêchait l'implantation des Mc'Donald's dans le cœur de nos vieux quartiers. La langue a besoin de professeurs et de créateurs. Elle n'a que faire d'inspecteurs des fraudes, de douaniers et de juges. Le pire malheur qui puisse lui arriver est qu'on ne l'emploie plus pour s'exprimer, mais pour éviter une contravention.

Que le mot « transparence », qui devrait faire horreur à tout être libre doué d'un peu de mémoire, soit aujourd'hui valorisé au point de justifier n'importe quoi constitue pour nous un mystère. C'est en vain que Soljenitsyne, qui sait ce que le totalitarisme veut dire, a défendu en 1978, dans son célèbre discours de Harvard, « le droit de ne pas savoir ». La transparence est devenue le poumon de Toinette. Dites : *transparence*, cela dispense de toute autre explication. Cela répond à tout, résout tout : la corruption politique, le marché économique, la protection sociale, la sécurité routière, le racisme, la langue. On pourrait allonger l'inventaire au vaste champ ouvert par l'éthique médicale. Certains proposent de lever le secret médical pour contenir l'épidémie de sida, en citant la Suède en exemple et en exhumant une affreuse loi du 31 décembre 1892, inexplicablement maintenue dans le Code de la santé publique, qui obligeait les médecins à dénoncer les maladies vénériennes – alors que le secret est indispensable à la relation entre le médecin et le malade, et que son maintien est la seule clause qui puisse garantir qu'une urgence réelle aura conduit, dans certains cas extrêmes, et à ses risques, un médecin à s'en affranchir. D'autres suggèrent une transparence des coûts thérapeutiques, déjà testée dans certains centres, qui subordonnent leurs soins à des considérations d'optimisation des dépenses – avec pour conséquence inéluctable l'éviction des grands fumeurs ou alcooliques cancéreux, courante en Grande-Bretagne, ou le sacrifice des malades de plus de soixante-dix ans, jugé normal au Danemark –, comme si des pratiques aussi barbares n'étaient pas l'aveu que le système de la Sécurité sociale n'est plus viable et doit être profondément réformé. D'autres encore réclament la transparence des recherches sur le génome humain, dont les incidences économiques sont colossales, comme si l'on ne pouvait faire confiance aux chercheurs, et comme si le meilleur moyen de protéger ceux-ci de l'aventure n'était pas le principe, inscrit dans la loi sur la bioéthique de 1994, selon lequel « les organes, tissus, cellules, génomes et produits du corps humain ne peuvent pas, en tant que tels, faire l'objet de brevets ». Le problème, il est vrai, est d'en convaincre aussi les Etats-Unis. Dans tous ces cas, une conscience collective abstraite entend se substituer à la conscience des responsables, qui n'ont pas à être protégés d'eux-mêmes, mais des pressions de la société.

Le stade suprême de l'idéologie de la transparence, telle que l'on tente ici d'en décrire les progrès, est son application à la mémoire. Des émissions radiophoniques et télévisées, au demeurant passionnantes, ont beaucoup contribué, depuis quelques années, à développer dans le public un véritable fétichisme des archives. Les archives, pour l'historien, sont une source indispensable. Ce n'en sont pas moins des instruments parmi d'autres. Ils doivent faire l'objet d'un travail critique de sélection, de mise en perspective. Ce sont aussi, souvent, des documents sensibles, mettant en jeu le secret des familles, la sécurité des personnes ou la sauvegarde d'intérêts nationaux, et dont l'exploitation, l'interprétation, doivent être entourés d'un minimum de garanties. Sans doute la loi du 3 janvier 1979, qui fixe une règle trentenaire pour les documents publics et au minimum soixantenaire pour les dossiers touchant à la vie privée et à la défense – les délais pouvant atteindre plus d'un siècle pour les dossiers judiciaires – est-elle trop rigide. Depuis les affaires Bousquet et Papon, par exemple, on aimerait mieux comprendre comment les services publics – de l'administration préfectorale à la S.N.C.F. – ont été amenés à collaborer à la Solution finale sous la botte allemande. Pour prendre un autre exemple, il est dangereux qu'une donnée aussi capitale que le chiffrage du nombre des victimes de meurtres et d'enlèvements à la fin de la guerre d'Algérie soit abandonné à l'arbitraire d'estimations passionnelles.

Mais cette règle un peu étouffante est corrigée par la relation entre l'archiviste et l'historien, qui est d'abord un rapport de confiance. Le premier n'exercerait pas son métier s'il n'était convaincu de l'intérêt historique des fonds dont il a la garde. Il est rare qu'il refuse de soutenir une demande de dérogation, si son interlocuteur se montre compétent et responsable. Le malheur est venu avec des historiens – point toujours du dimanche – qui se sont faits les apôtres d'un « droit » des citoyens à l'archive. Et qui, partout où un doute se manifeste, où un litige se produit, voient la preuve évidente de la dissimulation d'un crime d'Etat et de la conspiration du silence. Leur credo se résume en deux formules : plus transparentes sont les archives, plus libre est la société ; plus innocentes sont les mains dans lesquelles elles tombent, plus pure est la révélation. Leurs accusations portent surtout, on s'en doute, sur les « silences » censés entretenir la légende d'une France résistantialiste, pendant la période de Vichy. Or, outre le fait que, compte tenu du nombre des travaux consacrés aux années noires depuis vingt-cinq ans, ce silence est devenu assourdissant, le cheminement des historiens a été plutôt inverse. On a commencé par remettre en cause la vulgate gaullienne, avant de s'apercevoir, ces toutes dernières années, que l'opinion publique s'est détachée de la politique de collaboration dès Montoire et que la France profonde s'est employée beaucoup plus qu'on ne l'avait imaginé à sauver des juifs (les travaux de Pierre Laborie et Asher Cohen ont joué, à cet égard, un rôle décisif).

Remarquable également, et particulièrement éclairant pour notre propos, est le fait que les plaidoyers pour la transparence des archives convergent avec des revendications communautaristes. Le cas du fichier de recensement des juifs en octobre 1940 que Serge Klarsfeld avait cru retrouver en 1991 au ministère des Anciens Combattants, est, à cet égard, exemplaire. Une partie de la « communauté » juive, soutenue par la Commission nationale de l'informatique et des libertés, avait demandé que ce fichier, témoin de la collaboration française avec le nazisme, fût déposé et mis à la disposition immédiate du public, au Centre de documentation juive contemporaine (C.D.J.C.). Une commission, réunie peu après sous la direction de René Rémond, établit qu'il s'agissait en réalité d'un fichier des déportés, utilisé après la Libération dans le but d'indemniser les survivants victimes de la guerre. Un certain nombre d'activistes de la mémoire virent là un mensonge d'Etat, destiné à orienter le précieux fichier vers les Archives nationales où, en vertu de la loi de 1979, il ne serait pas communicable avant 2005. Or, loin d'enterrer l'affaire, la commission Rémond s'est au contraire attachée à compléter l'inventaire des fichiers de recensement des juifs en province.

La vraie question était de savoir si ce fichier, eût-il été le bon, devait être géré, *via* le C.D.J.C., par la « communauté » dont il retraçait les épreuves, ou s'il devait être confié aux Archives de France, comme appartenant à la mémoire nationale. Entre la querelle de la transparence et le désir d'appropriation de ces documents par un groupe, le lien était évident. En filigrane du débat se profilait un enjeu de pouvoir entre les tenants républicains de la séparation du public et du privé, de l'Etat et de la société, accusés d'être les fourriers de la raison d'Etat, et les partisans d'une « transparence » qui, en dissolvant le public dans le privé, livre la société au chantage des minorités. La transparence des archives aboutirait – qui pourrait en douter ? – à rendre la mémoire insupportable ; elle se traduirait concrètement par l'alternative simple : publication ou destruction, sans passer par la phase de la conservation, qui est le travail de l'histoire et le métier de l'historien. Une partie énorme des fonds publics et privés disparaîtrait corps et biens, plutôt que d'être aussitôt livrée en pâture à la curiosité publique, cependant que l'autre servirait d'enjeu aux stratégies politiciennes et aux guerres de mémoires.

De cet usage dévoyé de la mémoire au nom de la transparence, l'affaire Pierre Cot fournit un autre exemple intéressant. En 1993, un ouvrage de Thierry Wolton, *Le Grand Recrutement*, par ailleurs courageux et utile, présentait comme une quasi-certitude, sur la foi d'un témoignage soviétique, l'hypothèse de l'ancien chef du réseau de résistance Combat, Henri Frenay, selon laquelle Jean Moulin aurait été un agent du K.G.B. L'émotion suscitée par l'affaire fit oublier que, dans le même livre, une autre personnalité non négligeable, Pierre Cot (1895-1977) – qui fut, en 1936-1938, le ministre de l'Air du Front populaire, et dont Jean Moulin fut alors le chef de cabinet –, était également accusée d'avoir été au service du Komintern. L'accusation, reprise par d'autres historiens, bouleversa la famille de Pierre Cot, qui demanda à un comité d'historiens de haut niveau d'arbitrer la querelle. Le résultat de l'enquête menée dans les archives disponibles en France, en Russie et (de façon plus limitée) aux Etats-Unis, fut publié au début de 1995 : rien, en l'état, n'autorisait à porter contre Pierre Cot une accusation d'une telle gravité. En dépit de cette mise au point, les adversaires du fondateur d'Air France refusèrent d'en démordre.

Une des particularités de l'idéologie de la transparence est que, pour mener sa tâche de démythification, elle a besoin de voir partout de l'ombre. Or le cas Pierre Cot était plutôt clair. Grand traumatisé de la Première Guerre mondiale, « Jeune Turc » du Parti radical devenu, par pacifisme, partisan du rapprochement franco-soviétique après 1933, puis, par antifascisme, membre du Rassemblement universel pour la paix noyauté par le Komintern avant de s'associer aux communistes américains pendant la guerre et de finir compagnon de route du P.C.F. après 1944, Pierre Cot ne s'est jamais caché de ses sympathies. Aviso de surface du stalinisme, il n'avait pas besoin de jouer les sous-marins. S'il avait été au service du K.G.B., de Gaulle, en 1944, l'eût-il envoyé en mission à Moscou ? Le Général eût-il songé à faire de lui un ambassadeur de France en U.R.S.S. ? L'une des erreurs, à nos yeux, les plus impardonnables de Pierre Cot fut d'avoir, en 1950, témoigné à charge contre Kravchenko, l'un des premiers dénonciateurs des camps staliniens, en accusant celui-ci de « trahison ». Ce n'était pas une raison pour user, à son endroit, près d'un demi-siècle plus tard, du même procédé. Il est normal que la faute politique soit sanctionnée. Mais elle doit l'être comme telle. Déplacer la polémique du terrain politique sur le plan personnel, faire le procès subjectif des intentions, s'attaquer à l'être – il fallait que Pierre Cot *fût* le traître que ses apparences condamnaient – au lieu d'apprécier contradictoirement les actes et les idées relève des pratiques totalitaires que l'on entend fustiger.

Au-delà de cette affaire, on ne s'est pas assez demandé pourquoi la Russie et l'ex-République démocratique allemande ont ouvert leurs archives aussi totalement qu'elles les avaient, naguère, protégées. La tentation était grande, pour les anciens apparatchiks de l'Est, de chercher à obtenir, au moyen de la « transparence », les mêmes effets diviseurs atteints naguère par les techniques de l'oubli ; et d'entraîner une partie de la mémoire des démocraties dans leur naufrage. En 1994, les Souvenirs d'un ancien patron du K.G.B., Soudoplatov, sans doute manipulés, ont tenté, de même, de mouiller les pères de la bombe atomique, Fermi et Oppenheimer. Le monde de la guerre froide était celui des espions et des secrets. Le monde né de l'effondrement du mur de Berlin devait être celui de la communication et de la vérité.

Spéculant sur la peur de l'inconnu et sur l'aspiration à un monde réconcilié, le mythe d'un passé transparent dont la révélation serait enfin rendue possible par l'ouverture des archives a pris ainsi les formes d'un jugement de Dieu : que les bons se rassurent et que les méchants tremblent. Et que les peuples qui ont si longtemps couvert le mensonge fassent amende honorable, en assumant le poids de leur culpabilité collective. Les épurateurs qui, au nom de telle ou telle « communauté », défèrent le passé national devant le tribunal de l'histoire cherchent moins à approfondir la connaissance de ce passé qu'à stigmatiser leurs contemporains. Que l'histoire ne soit pas simple, évidente, manichéenne, peut être seulement, à leurs yeux, l'effet de l'ignorance ou d'un complot.

Dans ce nouvel ordre moral, où l'on ne voit plus que des inculpés et des juges, où l'individu s'efface derrière le groupe dont il partage la damnation ou le salut et avec lequel il doit être, à tous les sens du terme, *confondu*, où tout fait signe, où toute apparence est la vérité, et où toute vérité est bonne à dire, quelque mal qu'elle fasse, on cherche en vain l'interlocuteur bienveillant, capable d'atteindre encore à l'intelligence de l'être, de son mystère, de sa distance intérieure, de son irréductible complexité. Chaque être est pluriel, et l'humanité est une : tel est, selon nous, le fin mot de l'individualisme universaliste. L'idéologie de la transparence proclame l'inverse : chaque être est un, et l'humanité est clanique. Son credo est celui de l'individualisme tribal. Malheur à qui ne s'identifie à aucune communauté, à aucune horde ! Et malheur à qui prétend dérober au regard de ses semblables le secret de sa conscience. Sous l'Ancien Régime, il est vrai, le monarque n'avait pas de vie privée. Mais c'était sa seule existence corporelle qui était offerte à tous. La loi prévoit de même, aujourd'hui, qu'un homme public a, d'avance, accepté que soient reproduites son image ou sa caricature. La tentation totalitaire intervient quand la violation de la sphère privée va au-delà ; quand la société demande des comptes sur les conditions d'existence, les mœurs, le for intérieur, les intentions. En ces matières, on ne peut empêcher la presse d'aller trop loin. On peut attendre des responsables qu'ils fassent front. En un temps où les tribunaux sont saisis par des citoyens qui s'estiment lésés par un simple déplaisir, la moindre des choses serait que ceux qui exercent des responsabilités ne cèdent pas sur un point aussi essentiel que la protection de leur existence intime. Le respect de la vie privée est une des valeurs républicaines fondamentales, qu'il leur appartient d'incarner.

En 1994, des juges américains, qui auraient pu être aussi bien des juges français, ont exigé du sénateur Packwood, accusé de harcèlement sexuel, la remise de son journal intime. Le refus opposé par ce dernier a fait scandale et l'a contraint, l'année suivante, à la démission. Son réflexe de dignité aurait dû servir d'exemple. Peut-être le contenu de ce journal l'aurait-il perdu plus encore. Mais les journaux intimes d'Amiel, de Pepys, de Michelet n'auraient pas résisté davantage à la censure d'un tribunal. Un journal intime est un roman personnel. S'il s'adresse à quelqu'un, c'est à un lecteur, pas à un juge. Dans *L'Immortalité,* Milan Kundera a observé avec drôlerie que, parmi les commandements de Dieu, aucun n'enjoint à l'homme de dire la vérité. Faut-il se vouloir plus moral que Dieu, et exiger de soi-même et surtout des autres, ce que le Créateur n'exige point ? Le même auteur signale dans son dernier roman, *La Lenteur,* que, d'après une enquête publiée en octobre 1993 par *Le Nouvel Observateur,* le mot « nudité » figure, avec « révolte » et « rouge », parmi les trois termes encore considérés comme des « marqueurs » de la gauche. Voilà donc, persifle le romancier, « tout ce que nous lègue cette magnifique histoire de deux cents ans inaugurée solennellement par la Révolution française, [...] l'héritage de Robespierre, de Danton, de Jaurès, de Rosa Luxemburg, de Lénine, de Gramsci, d'Aragon, de Che Guevara ». Des ventres et des fesses à l'air. Tout un discours de la libération, de la rupture, pour en arriver à l'impuissance morose d'une société d'exhibitionnistes et de voyeurs.

De toutes les utopies, le chantage à la transparence et à la vertu est la plus constante, la plus aliénante pour l'homme, la plus inhibante, la plus attentatoire à sa dignité. De tous les artifices destinés à confondre son semblable, de toutes les ruses du pouvoir, de tous les ressorts de l'instinct de domination, la traque obsessionnelle du mensonge, reposant sur l'identification du vrai et du bien, est la forme la plus hypocrite, la plus entachée d'imposture. C'est, sous prétexte de prévenir les abus de confiance, le triomphe du soupçon – et de son sinistre cortège, l'esprit de sérieux et l'ennui, qui grincent derrière lui. Tel, brandissant, derrière l'abbé Pierre, l'épouvantail de l'exclusion, répand dans les consciences le ferment de culpabilité sans lequel il n'est pas d'inclination pour la servitude. Tel autre, se réclamant de « l'humanitaire », jette le doute sur le sens de la solidarité de ses contemporains, et s'arroge le privilège moral de choisir à leur place ceux qui méritent d'en bénéficier. Tel encore, parti, non sans raison, en guerre contre le populisme ou contre l'intégrisme, dresse arbitrairement le portrait-robot de sa cible, non pour la combattre, mais pour vérifier si d'aventure il n'y a pas en vous un petit bout de l'épure qui vous dénonce – de la même façon que, sous l'Occupation, un simple contour d'oreille permettait au professeur Montandon d'identifier le juif. Lugubres compagnons.

La grande tradition des « moralistes » français, – celle qui, partie de La Rochefoucauld et de Molière, passe par La Bruyère, Voltaire et Diderot pour aboutir à Anatole France, Jules Renard, Valéry, Montherlant et, justement, Kundera – a ceci de particulier qu'elle a toujours préféré le rire à la morale. Loin d'être le fait d'un immoralisme narcissique et permissif, loin d'être une apologie de la légèreté et de la dérision, ce rire est une protestation élevée en faveur de la liberté de conscience et de la dignité humaine –

en d'autres termes, à ce bonheur d'être au monde qui est la part de nous-mêmes la plus vulnérable à la pression sociale et qui, pour cette raison, nous manque le plus.

Conclusion

Peut-on encore croire au bonheur ?

> *« Quand l'Etat, près de sa ruine, ne subsiste plus que par une forme illusoire et vaine, que le lien social est rompu dans tous les cœurs, que le plus vil intérêt se pare effrontément du nom sacré du bien public, alors la volonté générale devient muette ; tous, guidés par des motifs secrets, n'opinent plus comme citoyens que si l'Etat n'eût jamais existé ; et l'on fait passer faussement sous le nom de lois des décrets iniques qui n'ont pour but que l'intérêt particulier. »*
>
> (Jean-Jacques Rousseau, *Du contrat social, IV, 1)*

Nul, on l'espère, ne refermera ce livre avec un sentiment de résignation. Ni le tempérament ni la raison ne nous inclinent à nous contenter d'une sincère, mais vaine déploration. C'est bien plutôt de la colère que nous inspire la vague d'intolérance qui assombrit la démocratie naguère la plus heureuse de la terre. La question est de savoir si, dans la société de haine tribale, de revendication corporatiste, de culpabilisation du bourgeois, de prévention généralisée, de contrôle judiciaire illimité et de censure mesquine que nous voyons s'installer, le ressort de la liberté a pu néanmoins, au fond des cœurs, rester intact. Et, pour le dire sans détour, s'il est encore possible de croire au bonheur.

On a pu penser qu'avec la fin des grandes utopies l'Etat renoncerait à prendre en charge les choix personnels, intellectuels et moraux qui permettent à chacun de s'arranger le moins mal possible de sa nature et de sa condition. C'était méconnaître que le pouvoir serait sollicité par la société elle-même, dont la peur devant l'essor prodigieux des techniques et les progrès quantitatifs de la civilisation a provoqué, par compensation, un glissement vers les exigences qualitatives. Le phénomène, en son principe, n'est pas nouveau. Les phases d'expansion économique sont, depuis plus de deux siècles, des périodes de méfiance à l'égard des instruments matériels du bonheur. Le futur auteur de *La Richesse des nations*, Adam Smith, s'indignait en 1759, dans sa *Théorie des sentiments moraux*, que l'on pût avoir besoin d'inventions aussi absurdes que le cure-dents, le cure-oreilles et la pince à couper les ongles. La contradiction entre l'aspiration au bonheur et le besoin de placer celui-ci sous surveillance est vieille comme les Lumières. Le XVIIIe siècle a, il est vrai, libéré le désir des interdits chrétiens. Il s'est déchaîné contre le bonheur matériel bourgeois. Mais en même temps ce siècle est revenu à la modération épicurienne, à la « sagesse heureuse » spinoziste, l'une et l'autre à l'écoute de la nature, bannissant la déraison et l'excès. Plus profondément, il a pensé le bonheur comme une valeur universelle à laquelle tout homme devait avoir accès. C'est sur ce point surtout qu'il innovait. D'un côté, on libérait l'individu, on le rendait aux choix de sa morale personnelle ; de l'autre, la grande « idée neuve en Europe » proclamée par Saint-Just et inscrite par Jefferson comme un « droit inaliénable » dans la Constitution américaine, s'inscrivait parmi les missions de l'Etat. Turgot appelait l'économie politique « la science du bonheur public ».

Mais, si l'on excepte la Terreur et ses antithèses d'Ordre moral, l'Etat issu de la Révolution ne s'est jamais assigné d'autre ambition que de créer les conditions du bonheur. Les républicains de toutes sensibilités, y compris les socialistes, avaient appris à l'école du kantisme que le bonheur est contingent, lié au désir, qu'il devient insatiable dès qu'on en fait une fin, bref que c'est une idée pauvre. Dans cette perspective, ils se sont autorisés à former des citoyens capables d'être heureux ; ils ne se sont pas mêlés de les rendre heureux. Sans doute est-ce pour cette raison qu'entre l'égalité et la liberté les pères de la Troisième ont réservé une fonction purement symbolique à la fraternité, seul terme de la trinité républicaine qui propose une conception organique du bonheur, dans laquelle le public et le privé se confondent. Tout au plus ont-ils cru possible de donner au peuple les célébrations fraternelles imaginées par Rousseau, mais en faisant de celles-ci des spectacles : prodigalité des fêtes, grandiose des commémorations. En ces instants privilégiés, le gaspillage et le luxe n'avaient pas pour fonction de rappeler la puissance de l'Etat monarchique, ni de reproduire les mystères de la messe, mais, au contraire, comme l'a vu le sociologue allemand Simmel au début du siècle, de rompre avec les contraintes de l'organisation, de créer la surprise, d'inspirer le sentiment que tout est possible. La fête républicaine était une manière de rappeler qu'il existe au moins un Paradis à la portée des hommes – ces états de grâce que Stendhal a nommés des « moments de bonheur ».

Notre modernité a changé tout cela. Les utopies ont eu beau rendre l'âme, après une interminable agonie, l'Etat a eu beau récuser toute prétention de contrôler la vie privée des citoyens pour faire le bien de ces derniers contre eux-mêmes, l'immersion croissante des préoccupations et du discours publics dans la sphère privée aboutit, par le chemin inverse, à des conséquences comparables. Une vieille blague américaine, citée par Albert Hirschmann, rend compte avec humour de cette transformation. « De quoi, demande un naïf, décide la femme, dans un couple ? Réponse : Des vacances, du choix de l'école, de l'appartement, de l'éducation des enfants, etc. – Et le mari ? – Eh bien ! il décide de ce qu'il faudrait faire contre la ségrégation dans le Sud, de la façon de régler le conflit du Moyen-Orient, de savoir s'il faut reconnaître la Chine communiste, etc. » Cette plaisanterie, qui faisait rire dans les années soixante, ne réjouirait aujourd'hui plus personne. Tant il est vrai que le discours dominant rend chacun de nous comptable, sans pouvoir et sans espoir, des problèmes politiques de la société et de ce qui se passe dans le reste du monde.

La dépendance des projets individuels par rapport aux projets collectifs est d'autant plus durement ressentie que, soumise elle-même à la contrainte internationale, elle n'a pas d'issue visible. Les individus qui, pour recréer du lien social dans cet espace politique aveugle, se raccrochent à une communauté sont, eux aussi, voués à être déçus par la radicalisation des conflits qui opposent les groupes entre eux : sous prétexte qu'ils se sont rassemblés, les militants des associations d'homosexuels, de handicapés, de SDF, etc. n'en sont pas plus heureux. Ils entretiennent, à l'intérieur de leurs microcosmes respectifs, la souffrance de leur commune « exclusion ». Les progrès de l'information et de la transparence sociale n'ont eu, de même, d'autre résultat que d'exaspérer les frustrations relatives. L'extension des moyens de contrôle préventif ; l'omniprésence du monde dans le foyer domestique par le canal de la télévision ; l'économisme, qui détruit le sens de la fête et qui entache de mauvaise conscience, jusque dans la production cinématographique française, toute prodigalité et tout « gaspi » – ces intrusions de l'espace public dans la sphère privée, loin de protéger les citoyens des agressions du réel et d'autrui, rendent ceux-ci de plus en plus malheureux.

En sorte que, si plus personne ne demande à l'Etat de faire son bonheur, nul ne consent le moindre sacrifice à un Bien commun perçu comme inexistant. Chacun exige en réparation que la loi rende impossibles les bonheurs insolents dont le spectacle lui est devenu insupportable. Au nom de la solidarité et de la fraternité, dont on ne saurait être plus éloigné. Quitte, pour l'individu, à accepter que les règles nouvelles, qu'il a demandées, le protègent lui-même contre ses propres désirs. Les dépendances des citoyens par rapport à la société en sont aggravées. Sans laisser de chance à la révolte : l'attachement exclusif de chacun à ses intérêts n'a d'égal que sa capacité de subir. Et en fermant la porte au rêve : les stars, photographiées nues, sont devenues sans mystère, et les seules qui intéressent vraiment le grand public sont celles que frappe le destin. C'est ainsi, note Theodore Zeldin, que les mythes personnels périssent dans le naufrage des mythes collectifs. Et que l'utopie du bonheur public et le sens du bonheur privé s'éteignent ensemble.

Il n'est pas nécessaire d'être extralucide pour apercevoir que la liberté ne peut pas sortir d'une accumulation aussi morne de rancœurs et de déceptions. Et pour en conclure que la seule réponse capable d'arrêter le processus est, d'abord, d'ordre culturel. Ce n'est pas un problème d'institutions ; et moins encore, d'organisation. Ne nous berçons pas d'illusions : on ne viendra pas à bout des tentations totalitaires engendrées par l'individualisme tribal en s'assignant la tâche impossible de ressusciter l'Etat-nation. De Gaulle a pu se permettre de refonder la République à partir du sommet, en commençant par les institutions. Il aurait même pu, s'il l'avait voulu, mettre un terme à la politique européenne de ses prédécesseurs. Il ne pourrait rien faire de tel aujourd'hui. Bien que la situation soit aussi critique, nous ne sommes plus en 1958. L'alternance présidentielle de 1995 a montré que la contrainte économique internationale s'impose également à ceux qui dénonçaient la « pensée unique » pendant la campagne électorale. L'alignement du droit français sur le modèle dominant en Europe ne peut être arrêté par décret. Les louables efforts entrepris depuis 1993 pour revaloriser, d'en haut, la politique en réorganisant le travail parlementaire, n'ont, pour l'instant, guère porté de fruits. Une réforme institutionnelle volontariste qui ambitionnerait de recréer de la cohésion sociale autour de l'Etat et des collectivités territoriales serait d'avance condamnée. La tâche qui s'impose, en cette fin de siècle, est de reconstruire la République à partir de la base, en refaisant des citoyens.

Montesquieu, Rousseau et Tocqueville l'on dit avant nous : seul un cataclysme pourrait donner à un fondateur – dont de Gaulle restera pour nous, le dernier archétype – un espoir de changer les mentalités et les mœurs par la loi. C'est en revanche par l'intériorisation d'un discours, d'un mode de raisonnement politique et juridique et de pratiques de civilité enracinées dans une vieille et forte culture que les individus apprennent à la fois à s'inscrire dans leur société, à y communiquer et à lui résister. Toute la difficulté, pour le pouvoir, est de renouer, par petites touches, avec ce discours, ce mode de raisonnement, ces pratiques. C'est affaire d'éducation. Et cela dépend de la capacité du législateur et des différents décideurs de répudier les mythes de la communauté, de l'exclusion, de la prévention, de la transparence, dont on ne soulignera jamais assez les nuisances. Cela dépend enfin de la fermeté avec laquelle seront mis en œuvre les principes de la tradition républicaine – la loi, l'égalité de droit, le respect des formes juridiques, le conflit, la laïcité, la responsabilité, la sanction, la civilité, la sacralisation de la propriété et de la vie privée, la séparation des ordres – seuls capables de réveiller chez les Français, avec le bonheur d'exister, leur goût immémorial de la liberté. Il n'est pas un homme politique, pas un journaliste, pas un dirigeant d'entreprise qui, avant de faire un choix, d'écrire une ligne, de proférer une parole, ne devrait se référer à ces valeurs, quel que soit leur coût immédiat – puisque, pour raisonner sur le modèle du pari de Pascal, leurs avantages à long terme, considérés sous le rapport de la dignité humaine, c'est-à-dire de la civilisation, sont incommensurables.

Ce n'est pas le chemin qui a été suivi jusqu'ici. Tous les efforts déployés depuis une trentaine d'années pour tenter de rendre vie à la société française ont consisté à créer de nouvelles règles, à limiter les coûts sociaux par la prévention, à socialiser la morale au moyen de la transparence, à favoriser le consensus et le compromis pour éviter les alternances, jugées ruineuses, alors que nous payons aujourd'hui d'un prix incomparablement plus lourd le principal effet de cette erreur, qui est la désaffection de l'opinion à l'égard de la politique. On a fait l'inverse de ce qu'il fallait faire : la conscience responsable ne s'éveille que dans le conflit. « Il est bon, a écrit Alain dans ses *Propos sur le bonheur*, d'avoir un peu de mal à vivre et de ne pas suivre une route toute unie. »

L'œuvre à entreprendre est de longue haleine, mais elle ne nous paraît manquer, dans le climat actuel, ni de soutiens ni de moyens. Nous en avons développé les points d'application au fil de ces pages. Nous nous bornerons, au terme du parcours, à en rappeler les grandes lignes. Celles-ci s'organisent autour de deux principes simples, qui devraient permettre d'atteindre des résultats immédiats.

Le premier est l'affirmation de « l'exception française », non sur le mode frileux, vaincu d'avance, du protectionnisme, qui est un aveu de faiblesse, mais dans les domaines essentiels des relations extérieures, du droit, de la citoyenneté. La France n'est pas la Suède : c'est une nation d'individus qui ont encore besoin de servir de modèle au monde pour consentir les sacrifices exigés par la vie collective. Copier, à l'intérieur, les recettes social-démocrates et les mœurs anglo-américaines, et renoncer, à l'extérieur, au statut de grande puissance ne serait pas le meilleur moyen de ressouder le lien social.

A l'intérieur, déréglementer pour ne retenir, selon l'expression de Montesquieu, que les lois « nécessaires » : un tel projet justifierait peut-être un référendum de principe, en tout cas un débat public continu, qui permettrait de rappeler les principes républicains, de les plaider sans trêve. Rétablir dans sa vocation la spécificité de notre système judiciaire, qui sanctionne, au nom de la société, les violations de la loi et les préjudices causés à autrui, et qui laisse à la conscience individuelle le soin de trancher de la vérité et de la vertu. Rendre leur dignité aux élus, en rappelant que, en dépit de tout ce qui s'écrit et se dit, le respect de la vie privée fait partie des valeurs qu'il ont pour vocation d'incarner ; et que la meilleure manière d'illustrer ce principe est de commencer par se l'appliquer à eux-mêmes. Revenir, dans le domaine social, à la logique responsabilisatrice de la solidarité par l'assurance, en contenant les dérives d'un Etat providence devenu, en fait, un Etat préventif. Achever de privatiser les activités industrielles et commerciales sans rapport avec le service public, tout en luttant pour préserver ce dernier. Sabrer dans les dépenses publiques et réduire des prélèvements obligatoires dont les classes moyennes font les frais : ces retrouvailles avec l'exemple français se heurteraient sans doute à l'objection de quelques leaders d'opinion. Mais, honnêtement négociées, clairement expliquées, elles trouveraient, dans le pays, un soutien venu du fin fond.

A l'extérieur, il faut voir loin, et avoir le courage de sacrifier le présent à l'avenir. La construction de l'Europe incluant, à tout prix, l'Europe centrale, est aussi nécessaire à la paix du monde que la spécificité française est indispensable à la cohésion de notre société. Ces deux caps doivent être maintenus ensemble – sous peine que la démocratie, qui a progressé en cette fin de siècle sur tous les continents, recule de nouveau devant la poussée de la misère et des fanatismes. Quant à la politique des droits de l'homme, elle est devenue, sur notre planète médiatisée, moins une exigence morale qu'une composante de la *Realpolitik*. Elle ne se dissocie pas de nos intérêts. La force nucléaire de la France serait, partout, mieux acceptée, si ses dirigeants savaient faire preuve, en la matière, de moins d'intransigeance verbale et de plus d'efficacité stratégique.

Le second principe sur la base duquel la citoyenneté pourrait retrouver un sens, est le crédit de l'Etat. Si la France n'est pas la Suède, elle n'est pas non plus l'Italie : la corruption n'est pas ici le ressort sur lequel tout le « système » s'appuie. Au-delà des Alpes, il faut changer la machine. De ce côté-ci, il faut la remettre en route. Un tel projet n'est pas simple. Mais il est plus réalisable, et certainement plus efficace pour revigorer l'esprit public, que les innombrables chaînes, prothèses et bâillons imaginés par les juristes pour « moraliser » le pays, au risque de le rendre paralytique et irresponsable. Plutôt que de sacrifier l'autonomie des personnes aux mirages de la transparence et de la prévention, que l'on s'occupe de rendre à l'Etat les moyens de fonctionner. Depuis quelques années, celui-ci s'est trop déchargé sur la société civile de ses attributions administratives de contrôle. Il s'en est trop remis à des experts du soin d'assumer des tâches politiques d'évaluation. Les comités, conseils, autorités, observatoires pullulent. Il en est résulté une surenchère. On recherchait la confiance ; on a alimenté le soupçon. Pour contrôler le financement des partis, la Cour des comptes et les chambres des comptes régionales ont une compétence et un prestige irremplaçables. Que ne leur en donne-t-on les moyens ? Le contrôle parlementaire restera, lui aussi, peu digne de foi tant que les commissions de l'Assemblée nationale et du Sénat ne disposeront pas d'un budget comparable à leurs homologues américaines.

Par peur ou par idéologie, le pouvoir a, dans le même esprit, trop voulu ménager les communautés et les corporatismes qui ont trouvé, du coup, la voie ouverte pour ériger leurs valeurs et leurs intérêts en règles générales. Dans ce pays où la séparation de Dieu et de César et la citoyenneté sont restées, envers et contre tout, des valeurs sacrées, rien ne s'oppose à ce que le principe laïque et l'autorité de la loi soient maintenus avec intransigeance. Qu'il s'agisse des tchadors, de la kippa ou des croix ostensibles arborées par les intégristes catholiques, on ne réformera pas l'école si l'on paraît hésiter sur les principes qui la fondent. Une semblable rigueur doit être appliquée à refuser les quotas, les « discriminations positives » et la préférence nationale : s'il est une exclusion dont souffre notre pays, c'est bien celle qui ne reconnaît plus dans l'individu que son origine ou son appartenance. Au lieu d'opposer des barrières aux uns, afin de mieux laisser passer les autres, la seule politique judicieuse ne consisterait-elle pas à mettre tous les concurrents – femmes, collectivités locales, exclus ou créateurs fourbus de l'« exception culturelle » – à égalité devant l'obstacle ? Et pour cela, non à ajouter des discriminations, mais, au contraire, à tout entreprendre pour supprimer les entraves qui découragent les meilleurs ?

Le système de promotion républicaine est individualiste et méritocratique. Il se heurte à bien des effets pervers auxquels il faut, sans cesse, remédier.

On n'en a pas trouvé de plus équitable. Chaque fois qu'on s'en est éloigné au nom d'une idéologie – communautariste ou égalitariste –, on a basculé vers le pire. C'est sans doute ce modèle qu'il est le plus urgent de rétablir. L'absence de circulation des élites est une des causes les plus éclatantes de la crise actuelle. En dépit des déclarations d'intention renouvelées lors de la formation de chaque gouvernement, l'E.N.A. demeure, de loin, le principal vivier où se recrute le personnel politique – pour de multiples raisons, dont la sécurité d'emploi n'est pas la moindre. Les ministres, les hauts fonctionnaires qui « pantouflent » trop vite dans des secteurs dont ils ont traité les dossiers ne sont pas sanctionnés. Les journalistes et juges d'instruction qui ont manqué à leur devoir risquent des peines sans rapport avec les dommages qu'ils ont pu causer. Dans les grandes entreprises, certains patrons commencent seulement à voir leur responsabilité engagée par leurs conseils d'administration : la peur des juges aura eu, du moins, cet effet positif. Quelques décisions régaliennes de délocalisation ont mis en évidence, par l'absurde, les obstacles matériels, fiscaux et immobiliers qui s'opposent, chez nous, à une réelle mobilité de l'emploi. Ce sont ces discriminations négatives qu'il faut lever. Quand la pompe sociale ne fonctionne plus, le seul critère de réussite devient l'argent – l'argent qu'on place plus souvent que celui qui agit. Que, dans ces conditions, la majorité baisse les bras et que des poings se lèvent n'est pas étonnant.

Ces orientations, que nous ne proposons pas pour la première fois, ne nous paraissent pas hors de la portée d'un gouvernement décidé à soumettre au débat public un véritable projet. Encore faudrait-il que ce pouvoir soit aidé par des élites conscientes de la gravité de la menace idéologique et de l'urgence de lui porter un coup d'arrêt. En attendant, la démocratie française étouffe d'intolérance, de mauvaise conscience, de pusillanimité et d'ennui. Prenons garde qu'elle ne cherche à retrouver de l'air en brisant les vitres si ceux qui sont, en principe, comptables de son destin ne lui permettent pas, enfin, d'ouvrir les fenêtres.

Ouvrages de référence

Introduction

« Politically correct » est-il français ?

Aron (Raymond), *Démocratie et totalitarisme*, Gallimard, 1965
D'souza (Dinesh), *L'éducation contre les libertés. Politiques de la race et du sexe sur les campus américains*, Gallimard, 1993
Havel (Vaclav), *Essais politiques*, réunis par Roger Errera et Jan Vladislav, Calmann-Lévy, 1989
Hughes (Robert), *La culture gnangnan. L'invasion du politiquement correct*, présenté par Pascal Bruckner, Arléa, 1994
Jouvenel (Bertrand de), *Du pouvoir* (1945), rééd. Hachette, Pluriel, 1972
Milosz (Czeslav)*La pensée captive. Essai sur les logocraties populaires*, Gallimard, 1953
Rémond (René), *La politique n'est plus ce qu'elle était*, Calmann-Lévy, 1993
Zinoviev (Alexandre), *Homo sovieticus*, Julliard-Orban, 1982

Première partie

L'Etat sans nation

I. *Le triptyque républicain*

Agulhon (Maurice), *La République, de 1880 à nos jours*, Hachette, 1990
Bodin (Jean), *Les six livres de la République* (1576), 6 vol., Fayard, 1986
Berstein (Serge) et Milza (Pierre), *Histoire de la France au XXe siècle*, Complexe, 1995.

Ouvrages de référence

Berstein (Serge) et Rudelle (Odile), dir., *Le modèle républicain*, Presses universitaires de France, 1992

Charlot (Jean), *La politique en France*, Le Livre de Poche, 1994

Girardet (Raoul), *Le nationalisme français, 1871-1914*, rééd. Seuil, 1983

Mossuz-Lavau (Janine), *Les Français et la politique*, Odile Jacob, 1994

Milza (Pierre), *Fascisme français. Passé et présent*, Flammarion, Champs, 1987

Nicolet (Claude), *L'idée républicaine en France, essai d'histoire critique*, Gallimard, 1982, rééd. 1995

Nicolet (Claude), *La République en France. Etat des lieux*, Seuil, 1992

Rémond (René), *Les droites en France*, Aubier, rééd. 1982

II. *Le tremblement de terre mondial*

Balandier (Georges), *Le dédale. Pour en finir avec le XXe siècle*, Fayard, 1994

Bergounioux (Alain), Manin (Bernard), *Le régime social-démocrate*, P.U.F., 1989

Bourlanges (Jean-Louis), *Le diable est-il européen ?* Stock, 1992

Duroselle (Jean-Baptiste), *L'Europe. Histoire de ses peuples*, Perrin, 1994

Dahrendorf (Ralf) *Réflexions sur la révolution en Europe. 1989-1990*, Seuil, 1991

Delannoi (Gilles) et Taguieff (Pierre-André) dir., *Théories du nationalisme. Nation, nationalité, ethnicité*, Kimé, 1991

Dumont (Louis), *L'idéologie allemande. France-Allemagne et retour*, Gallimard, 1991

Furet (François), Julliard (Jacques), Rosanvallon (Pierre), *La République du centre*, Calmann-Lévy, 1988

Gerbet (Pierre), *La construction de l'Europe*, Imprimerie nationale, rééd. 1995

Hassner (Pierre), *La violence et la paix. De la bombe atomique au nettoyage ethnique*, éd. Esprit, 1995

Kaelble (Hartmut), *Vers une société européenne. 1880-1980. Une histoire sociale de l'Europe*, Belin, 1988

Ostrogorski (Moisei), *La démocratie et les partis politiques*, Fayard, rééd., 1993

Pomian (Krzysztof), *L'Europe et ses nations*, Gallimard, Le Débat, 1990

Toffler (Alvin et Heidi), *Créer une nouvelle civilisation : la politique de la Troisième Vague*, avant propos de Newt Gingrich, Fayard, 1995
Weber (Max), *Le savant et le politique*, Plon, 1959

III. *La démocratie contre la République*

Alain (Chartier Emile, dit), *Le citoyen contre les pouvoirs*, Sagittaire, 1926
Braudel (Fernand), *L'identité de la France*, 3 vol., Arthaud-Flammarion, 1986
Cohen-Tanugi (Laurent), *La métamorphose de la démocratie*, Odile Jacob, 1989
Guéhenno (Jean-Marie), *La fin de la démocratie*, Flammarion, 1993
Lenoir (René), Lesourne (Jacques), dir., *Où va l'Etat ? La souveraineté économique et politique en question*, Le Monde éditions, 1992
Nora (Pierre), dir., *Les lieux de mémoire, III. Les France*, 3 vol., Gallimard, 1993
Renan (Ernest), *Qu'est-ce qu'une nation ? et autres essais politiques*, Presses Pocket, Agora, 1992
Schnapper (Dominique), *La communauté des citoyens. Sur l'idée moderne de nation*, Gallimard, 1994
Tocqueville (Alexis de), *De la Démocratie en Amérique, Souvenirs, L'Ancien Régime et la Révolution*, Bouquins, Robert Laffont, 1986
Touraine (Alain), *Critique de la modernité*, Fayard, 1992
Winock (Michel), *Parlez-moi de la France*, Plon, 1995
Zeldin (Theodore), *Les Français*, Fayard, 1983

Deuxième partie

La communauté, voilà l'ennemi !

I. *La laïcité généralisée*

Baubérot (Jean), *Vers un nouveau pacte laïque ?* Seuil, 1990
Bibo (Istvan), *Misère des petits Etats d'Europe de l'Est* (1946), L'Harmattan, 1986
Cazeneuve (Jean), *Et si plus rien n'était sacré...*, Perrin, 1991
Jeanneney (Jean-Noël), *L'avenir vient de loin*, Seuil, 1994
Michelet (Jules), *Légendes démocratiques du Nord. Pologne et Russie* (1863), *in Œuvres complètes*, Flammarion, t. XVII.
Montaigne, *Essais*, livre III, chap. 9, commentés par Bernard Croquette, Editions pédagogie moderne, 1981

Raynaud (Philippe), Thibaud (Paul), *La fin de l'école républicaine*, Calmann-Lévy, 1990
Rivero (Jean), *Les libertés publiques*, P.U.F., 1990
Rosanvallon (Pierre), *Le sacre du citoyen*, Gallimard, 1992
Rousseau (Jean-Jacques), *Du contrat social*, précédé d'un *Essai sur la politique de Rousseau*, par Bertrand de Jouvenel, Pluriel, Hachette, 1978

II. *L'individualisme tribal*

Abou (Sélim), *L'identité culturelle*, Anthropos, 1981
Cotta (Alain), *Le triomphe des corporations*, Grasset, 1983
Dupuy (Jean-Pierre), *Le sacrifice et l'envie. Le libéralisme aux prises avec la justice sociale*, Calmann-Lévy, 1992
Foucault (Michel), *Surveiller et punir. Naissance de la prison*, Gallimard, 1975
Goguel (François), *La politique des partis sous la IIIe République*, Seuil, 1958
Laurent (Alain), *L'Individu et ses ennemis*, Pluriel, Hachette, 1987
Maffesoli (Michel), *La transfiguration du politique. La tribalisation du monde*, Grasset, 1992
Rand (Ayn), *La vertu d'égoïsme*, Les Belles Lettres, 1993
Rawls (John), *Théorie de la Justice*, Seuil, 1987
Renaut (Alain), *L'ère de l'individu*, Gallimard, 1989
Sfez (Lucien), *Critique de la communication*, Seuil, 1988
Thual (François), *Les conflits identitaires*, Ellipses, 1995
Van Parijs (Philippe), *Qu'est-ce qu'une société juste ?* Seuil, 1991

III. *Le chantage identitaire*

Bark (Dennis I.), Gress (David R.), *Histoire de l'Allemagne depuis 1945*, Laffont, Bouquins, 1992
Behr (Edward), *Une Amérique qui fait peur*, Plon, 1995
Bloom (Allan), *L'âme désarmée*, Julliard, 1987
Cohen (William B.), *Français et Africains. Les Noirs dans le regard des Blancs, 1530-1880*, Gallimard, 1980
Fillieule (Olivier), dir., *Sociologie de la protestation. Les formes de l'action collective dans la France contemporaine*, L'Harmattan, 1993
Grosser (Alfred), *Le crime et la mémoire*, Flammarion, 1989
Loubet del Bayle (Jean-Louis), *Les non-conformistes des années trente*, Seuil, 1969
Massey (Douglas S.) et Denton (Nancy A.), *American apartheid*, Descartes & Cie, 1995

Schlesinger (Arthur M.), *The desuniting of America. Reflections on a multicultural society*, Norton, 1992
Todd (Emmanuel), *Le destin des immigrés. Assimilation et ségrégation dans les démocraties occidentales*, Seuil, 1994
Todorov (Tzvetan), *La vie commune. Essai d'anthropologie générale*, Seuil, 1995

IV. *La communauté des femmes*

Adler (Laure), *Les femmes politiques*, Seuil, 1993
Bard (Christine), *Les filles de Marianne. Histoire des féminismes, 1914-1940*, Fayard, 1995
Duby (Georges), Perrot (Michelle), dir., *Histoire des femmes, t. V, XXe siècle*, Plon, 1991
Faludi (Susan), *Backlash. La guerre froide contre les femmes*, éd. des Femmes, 1993
Fouque (Antoinette), *Il y a deux sexes*, Gallimard, Le débat, 1995
Halimi (Gisèle), *Une embellie perdue*, Gallimard, 1995
Messaoudi (Khalida), *Entretiens avec Elisabeth Schemla*, Flammarion, 1995
Ozouf (Mona), *Les mots des femmes, essai sur la singularité française*, Fayard, L'esprit de la Cité, 1995
Skocpol (Theda), *Protecting soldiers and mothers. The political origins of social policy in the United States*, Harvard University Press, 1992

V. *L'Eglise contre la République*

Boudon (Raymond), *Le juste et le vrai. Etudes sur l'objectivité des valeurs et de la connaissance*, Fayard, 1995
Guillebaud (Jean-Claude), *La trahison des Lumières. Enquête sur le désarroi contemporain*, Seuil, 1995
Jean-Paul II, *Evangile de la vie*, Mame-Plon, 1995
Le Goff (Jacques), Rémond (René), dir., *Histoire de la France religieuse, t. 4, XXe siècle*, Seuil, 1992
Rémond (René), *L'anticléricalisme en France, de 1815 à nos jours*, Fayard, 1976
Trasatti (Sergio), *Vatican-Kremlin. Les secrets d'un face à face*, Documents Payot, 1994
Wilson (James Q.), *Le sens moral*, Commentaire/Plon, 1995

Ouvrages de référence

Troisième partie

Le mythe de l'exclusion

I. *La tentation du populisme*

Abraham (Pierre), Desné (Roland), *Manuel d'histoire littéraire de la France, t. V, 1848-1917* et *VI, De 1914 à nos jours*, Editions sociales, 1977, 1980
Barthes (Roland), *Le degré zéro de l'écriture*, Seuil, 1953
Bazin (René), *Le blé qui lève* (1907), rééd. Ramsay, 1984
Chevalier (Louis), *Classes laborieuses et classes dangereuses*, Librairie générale française, 1978, rééd. Pluriel, 1984
Dubief (Henri), *Le syndicalisme révolutionnaire*, Colin, 1969
Girardet (Raoul), *Mythes et mythologies politiques*, Seuil, 1986
Duby (Georges), *An 1000, An 2000. Sur les traces de nos peurs*, Textuel, 1995
Lenoir (René), *Les Exclus*, Le Seuil, 1974.
Maitron (Jean), *Le mouvement anarchiste en France, I. Des origines à 1914, II. De 1914 à nos jours*, Maspero, 1975, rééd. Gallimard, Tel, 1992
Mendras (Henri), *La seconde révolution française. 1965-1984*, Gallimard, 1988
Plenel (Edwy), Rollat (Alain), *La République menacée. Dix ans d'effet Le Pen*, Le Monde éditions, 1992
Thiesse (Anne-Marie), *Le roman du quotidien. Lecteurs et lectures populaires à la belle époque*, Le chemin vert, 1984
Zola, *Germinal* (1885), Le livre de poche

II. *Le sabordage des classes moyennes*

Birnbaum (Pierre), *Le peuple et les gros*, Grasset, 1979, rééd. Pluriel, 1995
Bourgeois (Léon), *Solidarité*, Armand Colin, 1896
Castel (Robert), *Les métamorphoses de la question sociale. Une chronique du salariat*, Fayard, 1995
Giscard d'Estaing (Valéry), *Démocratie française*, 1976
Le Goff (Jacques), *Du silence à la parole. Droit du travail, société, Etat (1830-1989)*, Calligrammes, 1985
Levillain (Philippe), *Boulanger, fossoyeur de la monarchie*, Flammarion, 1982
Mendras (Henri), Suleiman (Ezra), *Le recrutement des élites en Europe*, La Découverte, 1995
Minc (Alain), *La machine égalitaire*, Grasset, 1987

Noiriel (Gérard), *Le creuset français. Histoire de l'immigration, XIX*[e]*-XX*[e] *siècle*, Seuil, 1988
Perret (Bernard) et Roustang (Guy), *L'économie contre la société. Affronter la crise de l'intégration sociale et culturelle*, Seuil, 1993
Ray (Jean-Emmanuel), *Droit du travail, droit vivant*, Liaisons, 1993

III. *L'escalade des ressentiments*

Crozier (Michel), (avec Tilliette Bruno), *La crise de l'intelligence. Essai sur l'impuissance des élites à se réformer*, Interéditions, 1995
Duhamel (Alain), *Les peurs françaises*, Flammarion, 1994
Fitoussi (Jean-Paul), *Le débat interdit. Monnaie, Europe, pauvreté*, Arléa, 1995
Mendel (Gérard), *La révolte contre le père. Contribution à la socio-psychanalyse*, Payot, 1968
Sennett (Richard), *Families against the city : middle-class homes of industrial Chicago*, Norton, New York, 1970
Swayn (Gladys), *Dialogue avec l'insensé. Essais d'histoire de la psychiatrie*, précédé de Gauchet (Marcel), *A la recherche d'une autre histoire de la folie*, Gallimard, 1994

IV. *La haine ou l'esclavage*

Furet (François), *Le passé d'une illusion. Essai sur l'idée communiste au XX*[e] *siècle*, Robert Laffont, 1995
Gayraud (Jean-François), *La dénonciation*, Presses universitaires de France, 1995
Kaltenbach (Pierre P.), *Associations lucratives sans but*, préf. de Philippe Séguin, Denoël, 1995
Rosanvallon (Pierre), *La nouvelle question sociale. Repenser l'Etat-providence*, Seuil, 1995

Quatrième partie

L'épuration permanente

I. *Anatomie d'une gangrène*

Coudert (Thierry), *La République féodale*, La Table ronde, 1991
Della Porta (Donatella) et Mény (Yves), dir., *Démocratie et corruption en Europe*, La Découverte, 1995
Duverger (Maurice), *La cohabitation des Français*, P.U.F., 1987

Ouvrages de référence

Guilleminot (Gilbert), *Le roman vrai de la IIIe et de la IVe République. I. 1870-1918. II. 1918-1958*, Laffont, Bouquins, 2 vol., 1991

Jeambar (Denis) et Lech (Jean-Marc), *La grande lessive. Anarchie et corruption*, Flammarion, 1994

Jeanneney (Jean-Noël), *L'argent caché. Milieux d'affaires et pouvoirs politiques dans la France du XXe siècle*, Fayard, 1981

Leyrit (Claude), *Les partis politiques et l'argent*, Le Monde éditions, 1995

Mény (Yves), *La corruption de la République*, Fayard, 1994

Mollier (Jean-Yves), *Le scandale de Panama*, Fayard, 1991

II. *Le droit tué par le droit*

Barni (Jules), *La morale dans la démocratie* (1868), Kimé, 1992

Cohen-Tanugi (Laurent), *Le droit sans l'Etat. La démocratie en France et en Amérique*, P.U.F., 1985

Delmas-Marty (Mireille), dir., *Procès pénal et droits de l'homme. Vers une conscience européenne*, P.U.F., 1992

Dworkin (Edward), *L'empire du droit*, P.U.F., 1994

Greilshamer (Laurent), Schneidermann (Laurent), *Les juges parlent*, Fayard, 1992

Manent (Pierre), *Les libéraux*, Pluriel, Hachette, 1986

SOFRES, *L'Etat de l'opinion*, dirigé par Jérôme Jaffré et Olivier Duhamel, Seuil, 1995

III. *Le vertige de la transparence*

Attali (Jacques), *Verbatim, I, II, III*, Fayard, 1993-1995

Baudrillard (Jean), *La transparence du Mal. Essai sur les phénomènes extrêmes*, Galilée, 1990

Cadoux (Louise), « La vidéosurveillance dans les lieux publics et les lieux privés ouverts au public », *in Après-demain*, septembre-octobre 1995

Collège de la prévention des risques technologiques, *Le risque technologique et la démocratie*, La Documentation française, 1994

Combe (Sonia), *Archives interdites. Les peurs françaises face à l'histoire contemporaine*, Albin Michel, 1994

Commission de prévention de la corruption, *Prévention de la corruption et transparence de la vie économique*. Rapport au Premier ministre et Loi du 29 janvier 1993, La Documentation française, 1993

Conan (Eric), Rousso (Henry), *Vichy, un passé qui ne passe pas*, Fayard, 1994

Ouvrages de référence

Debray (Régis), *Manifestes médiologiques*, Gallimard, 1994
Elias (Norbert), Dunning (Eric), *Sport et civilisation. La violence maîtrisée*, Fayard, 1994
Fabius (Laurent), *Les blessures de la vérité*, Flammarion, 1995
Giroud (Françoise), *La comédie du pouvoir*, Fayard, 1977
Schneidermann (Daniel), *Anxiety show. De la peur à la télévision*, Arléa, 1994
Soljenitsyne (Alexandre), *Le déclin du courage. Discours de Harvard*, Seuil, 1978
Soudoplatov (Pavel et Anatoli), *Missions spéciales. Mémoires du maître espion soviétique Pavel Soudoplatov*, avec la collaboration de Jerrold et Leona Schecter, préface de Robert Conquest, Seuil, 1994
Starobinski (Jean), *Jean-Jacques Rousseau : la transparence et l'obstacle*, suivi de *Sept essais sur Rousseau*, Gallimard, 1971
Starobinski (Jean), *Le remède dans le mal. Critique et légitimation de l'artifice à l'âge des Lumières*, Gallimard, 1989
Todd (Emmanuel), *Le destin des immigrés. Assimilation et ségrégation dans les démocraties occidentales*, Seuil, 1994
Vattimo (Gianni), *La société transparente*, Desclée de Brouwer, 1990
Wolton (Thierry), *Le grand recrutement*, Grasset, 1993

Conclusion

Peut-on encore croire au bonheur ?

Alain, *Propos sur le bonheur*, Gallimard, 1928
Epicure, *Lettres à Ménécée*, éd. de Mégare, 1977
Bloch (Ernest), *Le principe espérance*, rééd. Gallimard, 1991
Hirschmann (Albert), *Bonheur privé, action publique*, Fayard, 1983
Mauzi (Robert), *L'idée de bonheur au XVIIIe siècle*, Armand Colin, 1960
Misrahi (Robert), *Le bonheur. Essai sur la joie*, Hatier, Optiques, 1994
Simmel (Georg), *Philosophie de l'argent* (1900), P.U.F., 1987
Zeldin (Theodore), *Le bonheur*, Fayard, 1992

Table

Impression réalisée sur CAMERON par
BRODARD ET TAUPIN
La Flèche

pour le compte des Éditions Fayard
en octobre 1995

Imprimé en France
Dépôt légal : novembre 1995
N° d'édition : 1724 – N° d'impression : 6499M-5
ISBN : 2-213-59573-9
35-57-9573-01/3